Gretel Bechtold
Ein deutsches Kindertagebuch in Bildern
1933-1945

# Gretel Bechtold
# Ein deutsches Kindertagebuch in Bildern. 1933-1945

Kore

## Editorische Notiz und Dank

Das *Kindertagebuch* von Gretel Bechtold setzt sich aus verschiedenen Quellen zusammen: aus Bildern, die sie während der Zeit von 1928 bis 1948 auf Zeichenpapier, Blätter oder in die Schulhefte ihrer Schwester gemalt und gezeichnet hat, aus Schul- und Oktavheften, aus Briefen und Tagebuchauszügen. Die Orthographie und Interpunktion wurden aus Gründen der Verstehbarkeit vorsichtig, entsprechend geringfügig korrigiert.
Die Text- und Reihenfolge der Bilder ergeben sich aus der Chronologie des Nationalsozialismus und des Zweiten Weltkrieges, diese Chronologie wird aber aus inhaltlichen und biographischen Gründen hin und wieder durchbrochen.

Gretel Bechtold danke ich einfach dafür, daß sie da ist und ich von ihr erfahren habe, was Erinnerungsarbeit ist: «Wer zuschaut, spielt nicht mit», aber sieht und erinnert, was vergessen werden soll.
Annette Blum und Nicolas Weiß danke ich für Rat und Tat, für ihre Kritik und ihre offene Zugewandtheit Gretel Bechtold gegenüber, die die fruchtbare Zusammenarbeit mit der Autorin geradezu produziert hat.
Birgit Heidtke danke ich, weil sie Gretel Bechtold als Zeitzeugin für ihr Buch *Margarethas Töchter* gefunden hat – und damit meine Begegnung mit ihr verursacht hat.
Thomas Landsberg, Kulturbürgermeister der Stadt Freiburg, und Ludwig Krapf, Leiter des Kulturamtes, danke ich dafür, daß sie den Wert des *Kindertagebuches* von Gretel Bechtold als kulturelles und politisches Dokument sofort verstanden und unorthodox und schnell bezuschußt haben.
Margaretha Böhme danke ich für ihren produktiven Zuspruch und ihre Begeisterungsfähigkeit.

Traute Hensch

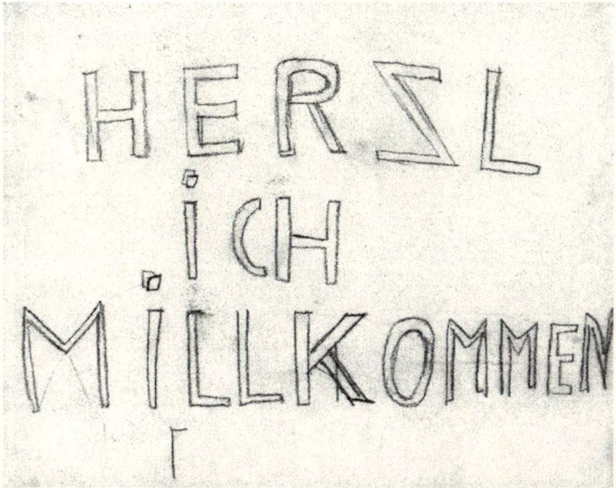
HERZL
ICH
MILLKOMMEN

20.I

Fasnacht. Bajazzos, Rotkäppchen bevölkern die Straßen. Nach dem Narrenzug muß man beten, sagen meine Mutter und die meiner Freundin. Wir knien dann in düstern Innern von St. Martin und beten für die Sünden, die an Fasnacht geschehen. Ich verstehe nicht, was an Rotkäppchen sündig ist und warum man Gott bei schönem Wetter in die dunkle Kirche sperrt.

Auf Königs Wies' an der
Dreisam spielen wir
Kaiser, König, Bettelmann.
Auf der Straße:
Himmel und Hölle,
Reifenschlagen,
Tanzkopf,
Rippling.

J.B.
1935

Nr. 1
für
3. Klasse
3. Schuljahr
33

Später schleichen wir Kinder auf Zehen über die Treppe der Hexe. Sie muß eine sein, sie gleicht der im Märchenbuch aufs Haar. Einmal öffnet sich ihre Glastüre, ich bin allein. Sie nimmt mich auf den Arm und öffnet das Fenster im Treppenhaus. Jetzt wird sie mich hinauswerfen, denke ich. «Wirf deinem Vater den Ball hinunter», befiehlt sie. Dann läßt sie mich los. Mein Vater hackt unten Holz. Ich kann nicht schreien.

Meine Mutter erzählt immer wieder: «Jetzt wär's grad recht zum Abschlachten, jetzt gäb's noch ein schön's Engerl», sagte Frau Lud, die Wienerin, zu meiner Mutter, die mich auf dem Arm trug, ich war eben ein Jahr alt. Luds wohnten unter uns.

Vor Weihnachten nimmt mich meine Mutter mit, um den Armen Gaben der Pfarrei zu bringen. Ich ziehe den Schlitten, auf dem die Lebensmittel verstaut sind. Mutters Revier reicht vom Bahndamm beim Milchhof bis in die untere Haslacher Straße, wo die Wiesen anfangen. Dort stehen die Sauhütten, ärmliche Baracken, in denen eine weinende Frau mit dickem Bauch und vielen Kindern haust. Es stinkt fürchterlich. Wir verteilen Mehl, Zucker, Briketts und mehr. Mutter führt genau darüber Buch.

Am unteren Eingang der Schule ist die Suppenküche. Dort stehen jeden Mittag die arbeitslosen Männer Schlange für einen Teller Suppe. Fräulein Amman kocht täglich für Hunderte.

Eine Nachbarin geht als Waschfrau. «Ihre Tochter muß eine Hure sein», flüstern sich die Frauen zu, «denn sie lebt in Berlin.»

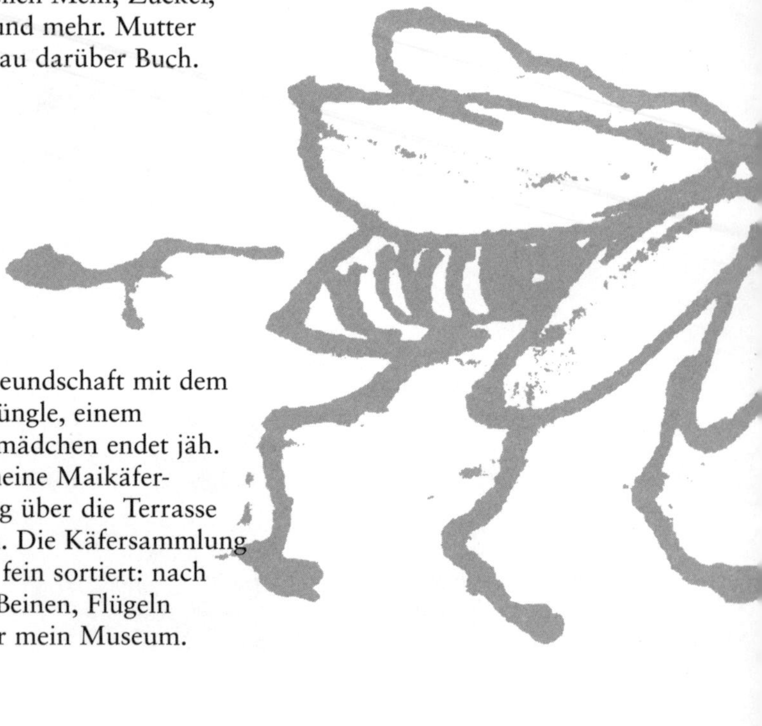

Meine Freundschaft mit dem Bärensprüngle, einem Nachbarmädchen endet jäh. Sie hat meine Maikäfersammlung über die Terrasse geworfen. Die Käfersammlung hatte ich fein sortiert: nach Köpfen, Beinen, Flügeln – das war mein Museum.

Meine Gotte will sich mit mir fotografieren lassen. Sie ist sehr fromm und legt großen Wert auf Pose in gutem Sonntagsstaat. Vor Aufregung hebe ich den Rock, und meine Knie werden sichtbar. Die Gotte ist so empört, daß sie das Bild zwischen sich und mir durchschneidet, damit nichts Unkeusches zu sehen ist.

# Wahl 1933

Schnaggi und Emmi aus der Nachbarschaft ziehen mit einer Gruppe Kinder über die Straße. Sie singen: «Doch Thälmann gab uns Brot!» Alle tragen rote Halstücher und schwenken rote Fahnen. Es regnet in Strömen, und die Haare und Kleider der Kinder färben sich blutrot. Das also sind die Roten! Ich darf mit ihnen nicht spielen, sie glauben nicht an Gott.
Im «Hirschen» in Haslach findet eine Saalschlacht mit den Braunen statt. In unserer Straße hängen überall rote Fahnen mit Hammer und Sichel. Am Tag darauf hängen aus den gleichen Fenstern rote Fahnen mit Hakenkreuzen. Mein Vater sagt, es sei Wahl gewesen. Das ist mein erstes Wahlerlebnis. Ich wundere mich sehr.
Die Frau des Schulrektors kommt auf Besuch. «Gott sei Dank», sagt sie, «wenigstens nicht die Kommunisten!»
«Jetzt wird es Krieg geben», sagt mein Vater.
Wenn es Krieg gibt, werde ich fliehen.

Mit uns zieht
die neue Zeit –
im Handarbeitsheft
meiner Schwester
lasse ich die neue Zeit
marschieren.

Mit der Klasse gehen wir in die Stadt ins Kino.
Der erste Film meines Lebens: «Hitlerjunge Quex».
Auf dem Heimweg erzählen wir uns begeistert von dem Ereignis. Es ist viel schöner als Theater, weil es wirklich ist.

Noch ist mir die Szene lebendig, wie die Mutter des armen Hitlerjungen ihren Kopf in den Backofen des Gasherdes steckt und stirbt.

National-pol. Unterricht
G. Bechtold.
5. Klasse, 1934/35

Der Helfer erstanden!
In der Heimat wird uns
der Segen zuteil.
Heil Heimat! Heil Deutschland!
Dem Führer
Sieg Heil!

Mein Vaterland.

1. Treue Liebe bis zum Grabe.
Schwör ich dir mit Herz und Hand;
Was ich bin und was ich habe,
Dank ich dir, mein Vaterland.

2. Nicht Worten nur und Liedern
Ist mein Herz zum Dank bereit
Mit der Tat will ichs erwidern
Dir in Not, im Kampf und Streit.

3. In der Freude, wie im Leide.
Ruf ichs Freund und Feinden zu
Ewig sind vereint wir beide
Und mein Trost, mein Glück bist du!

4. Treue Liebe bis zum Grabe
Schwör ich dir mit Herz und Hand;
Was ich bin und was ich habe
Dank ich dir, mein Vaterland.

Hoffmann von Fallersleben

1934/35

# Erstkommunion 1933

Der junge Vikar, der uns auf die erste Beichte vorbereitet, belehrt uns: Gesicht und Hände dürfen wir waschen. «Aber», und er streicht mit den Händen über seinen Bauch, «was da unten ist, das ist pfui, pfui, pfui.»

Es muß zwei Arten geben, wie Kinder entstehen. Zu den besseren Leuten kommt der Engel der Verkündigung, und der heilige Geist wird tätig.

An die andere Art darf man nicht denken. Sie ist für die armen Leute und die Arbeitslosen da.

Zu unserer Familie, für damals eine kleine, gehört dreimal in der Woche noch eine Kriegerwitwe vom 1. Krieg mit Kind, die im Haushalt hilft. In den sechs Wochen Sommerferien kommt eine Tante, auch eine Witwe mit ihren 2 Buben. Wir sind dann 4 Erwachsene und 8 Kinder im dritten Stock. Aufenthaltsort ist die Küche. Dort machen wir Aufgaben, essen, es wird genäht und gekocht. Die Kleinsten, auch ich, essen am Gasherd – am Katzentisch.

Über die Geburt eines Kindes und das, was davor passiert, reden die Frauen nur hinter vorgehaltener Hand. Es sind andere Umstände. Darunter kann ich mir nichts vorstellen. Hinter dem Porzellan im Wohnzimmerbuffet ist ein Buch versteckt. Das Krankenbuch. Wenn niemand in der Wohnung ist, hole ich es hervor und suche aufgeregt die Seite mit der aufklappbaren Frau. Wenn ich ihren nackten Bauch aufschlage, befällt mich ein tiefes Gefühl von Sünde. In feinen Kurven liegen die Gedärme offen. Dahinter krümmt sich ein winziges Kind mit großem Kopf zu einer Kugel. Es ist mir ein Rätsel, wo es am Ende herauskommen soll. Mir graut, und schnell klappe ich das Buch wieder zu, bevor jemand heimkommt.

Mit der Mutter gehe ich in die Stühlinger-Kirche. Auf dem Kirchplatz stehen die Messekarussells.
«Die Messe da draußen ist viel schöner», sage ich zur Mutter. Sie ist mir deswegen sehr böse.

Über vieles redet man nicht. «Politik gehört nicht auf die Kanzel», sagen die Kirchgänger. Meine Schwester näht in der Nonnenschule Hemdhosen. Es heißt dort Hemdbeinkleid.

Am Aschermittwoch feiern die Frauen in unserer Küche Frauenrecht. Ich finde das sehr merkwürdig, die Mutter hat doch das ganze Jahr über recht. Sie sagt es selbst: «Die Mutter hat immer recht, da gibt es nichts zu fragen.»

An Fasnachtsfreuden
bleibt nicht viel:
Im Jahr der Erstkommunion
ist Verkleiden verboten.
Beim Tod des Papstes auch.
Mit dem Krieg war
die Fasnacht für Jahre
gestorben.

Die vielen Pferde und
Hunde, die man auf den
Straßen sieht, tragen
keine Hosen. Deshalb
kann man Dinge sehen,
die man sonst nie sehen
darf. So beichte ich über
Jahre: «Ich habe
Unkeusches angeschaut.»
Nie hat mich der Pfarrer
gefragt, was ich gesehen
habe.

Nach der großen Wäsche, die immer drei Tage dauerte, finde ich zwischen den Taschentüchern ein feines, buntes Tüchlein, gerade passend auf den Puppenzimmertisch. Gleich erfolgt Einspruch und der Tischschmuck wird wieder entfernt. Es sei das Poussierläpple meines Bruders. Ich bin empört und meine: «Rudolf kann auch ohne Läpple poussieren!»

Meine Schwester bügelt. Liebend gern würde ich auch bügeln, aber sie läßt mich nicht. Da beschimpfe ich sie mit allen schlimmen, verbotenen Wörtern, die mir einfallen: Esel, Kamel, Kuh, Sau und sogar Drecksau. Das letzte hört meine Mutter und versohlt mir den Hintern. Weinend erzähle ich dem Bruder davon: «Was wäre erst geschehen, wenn die Mutter wüßte, daß ich auch Wildsau gedacht habe.»

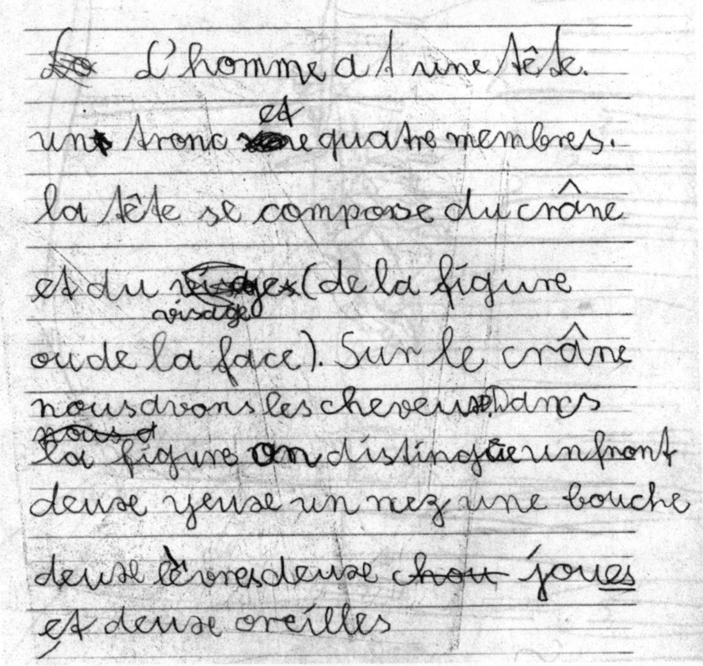

L'homme a 1 une tête.
un tronc et quatre membres.
la tête se compose du crâne
et du visage (de la figure
ou de la face). Sur le crâne
nous avons les cheveux. Dans
la figure on distingue un front
deuse yeuse un nez une bouche
deuse lèvres deuse joues
et deuse oreilles

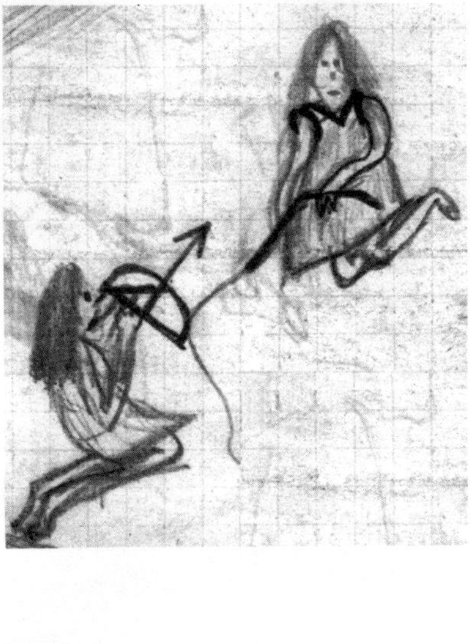

Der Mensch hat einen Kopf, einen Körper und vier Glieder. Der Kopf setzt sich aus Schädel und Gesicht zusammen. Auf dem Schädel haben wir die Haare. Im Gesicht unterscheidet man eine Frontseite, zwei Augen, eine Nase, einen Mund, zwei Lippen, zwei Backen und zwei Ohren.

Jetzt bin ich in der Nonnenschule beim Bahnhof. Nur noch ein Kind aus Haslach ist in meiner Klasse. Die Nonnen warnen mich vor ihm, es sei nicht der rechte Umgang für mich.
Im Turnunterricht tragen wir Knickerbockerhosen. Betritt eine Nonne den Turnsaal, müssen wir die Hosen schnell über die Knie ziehen. Ab und zu mißt die Lehrerin unsere Kleider mit dem Zollstock ab. Wenn man die Knie sieht, muß die Mutter ein Stück annähen.
Über dem Eingang zum Pausenhof blickt vom Fenster aus die Frau Superiorin mit bleichem Mondgesicht auf die Kinderschar. Beim Übertreten der Hofordnung wird man zu ihr geschickt und getadelt. Sie wohnt im Klausurteil.
«Wer dort hineingeht, darf nie mehr hinaus», sagt mein Vater. Ich stehe Höllenqualen aus, wenn ich dorthin muß. An Fasnacht spielen wir Theater. Alle Männerrollen müssen in Röcken gespielt werden. Wer ein Kostüm mit Hosen trägt, wird heimgeschickt.

Zu Schulfeiern singen wir: «Unsre Fahne flattert uns voran!»
Auf den Straßen singt die Hitlerjugend: «Es zittern die morschen Knochen.»

In der Hauskapelle der Schule liegt unter dem Altar das Skelett eines Heiligen im Glassarg. Schön mit Silberfäden zusammengenäht, den Helm auf dem Totenschädel, das Schwert in der Knochenhand, erwartet er das jüngste Gericht. Im Pausenhof beim Hühnerstall der Nonnen soll in der kleinen Kapelle eine Heilige begraben sein. Dort darf man nie laut spielen. Vor Fronleichnam üben alle Kinder im Pausenhof Gehen, Figurentragen und vor allem das Kniebeugen, ohne die Knie zu zeigen.
Ich begreife nie, was an den Knien so schlimm ist.

Vieles ist verboten. Wenn man pfeift oder in den Spiegel schaut, weint die Maria. Außerdem gibt es bald noch schwarz–rote Tage im Monat, die aber nur die Mädchen treffen. Verboten ist dann: turnen, springen, hopsen, schwimmen, baden, duschen, saure Gurken, Senf, Zimt, Salat, Essig, Eis und alles Scharfe. Man kann trübsinnig werden.

In den Sommerferien darf ich allein in das kleine Dorf im Schwarzwald. Der Vater bringt mich auf dem Rad hin. Auf dem Gepäckträger fahre ich in die freie Welt. Eine Tagesreise. Im Löffeltal gibt es ein Glas Milch. Das Dorf besteht aus 12 Höfen ohne Zaun, ohne Kirche, ohne Schule. Beim Anblick des Dorfes führe ich Freudentänze auf. Der Vater fährt zurück, und ich genieße die vielen Wochen auf dem Feld und im Stall. Fremde sind im Ort eine Rarität. Wenn in Kilometerentfernung ein Fußgänger erscheint, löst es im Dorf ein Rätselraten aus, wer das sei, der da kommt. Eines Tages entsteigt einem Auto eine Stadtfrau in Hosen. Es ist für Wochen Gesprächsstoff, was das für Weiber sind, die so angezogen in Autos spazieren fahren.
Aus diesem Paradies bringen meine Freundin und ich Streichholzschachteln mit. Sie aus Kappel, ich aus Faulenfürst. Gefüllt sind die Schachteln mit Kuhmist aus dem jeweiligen Ort. Im Winter vergleichen wir dann, welcher Mist besser riecht.

Mein Vater hat eine neue Beschäftigung, er sucht seine arischen Ahnen! Alle 64 Ahnen in der Liste müssen deutschblütig und arisch sein! Wenn er sie nicht findet, verliert er seinen Beruf und darf nicht mehr Lehrer sein. Bis ins 17. Jahrhundert wühlt er sich durch. Alle sind Rebbauern, alle sind arisch. Aber auf Mutters Seite taucht eine Ahnfrau namens Fuchs auf! Die Amtsbehörde läßt nicht Luck [locker]. Im ganzen Markgräfler Oberland sucht der Vater die Ahnfrau. Am Schluß endet alles ergebnislos. Erst nach Jahren erfahre ich, Fuchs ist ein Zigeunername.

Wir haben ein Familiengespenst, den Lettgrubengeist. Er reitet nachts durch die Reben, den Kopf unterm Arm. Er soll ein Ahne von uns sein.

Ich ginge gern zum BDM, um zu wandern und zu zelten, aber ich darf nicht.
Wer nicht im BDM oder in der HJ ist, hat am Samstag Unterricht. Die andern wandern. Ich war nicht im BDM, also hatte ich Nationalpolitischen Unterricht.

Im Physiksaal erzählt eine Lehrerin von den neuen Helden des Staates. Sie tut mir leid, weil wir sie immer ärgern. Mädchen kann man nicht zum BDM lassen, sie duschen dort nackt, das ist die Meinung der Frauen.

Der Schluß der Grabrede für H. Wessel von Dr. Goebbels. «Stürme werden marschieren, braune Stürme, endlos, endlos, Trommeln dröhnen. Pfeifen jubeln, leuchtend wehn die Hakenkreuzfahnen über alle Gassen. Einer ist da, die Hand am Gurt, den Sturmriemen unterm Kinn – der marschiert mit, ein junges Lachen auf den roten Lippen und im hell leuchtenden Auge. Der mag es sein oder jener – keiner kennt ihn vielleicht, und doch ahnt ihn jeder. Einst war er ein Wanderer zwischen zwei Welten, zwischen dem Gestern und dem Morgen, zwischen dem, was war und dem, was sein wird. War ein Kämpfer für das erwachende Deutschland, für Freiheit und Brot. War ein junger Held – und wird es auch immer sein, was er war, uns und bald auch dem ganzen Vaterland: ein junger, strahlender Held. Wo immer Deutschland ist, da bist auch du, Horst Wessel: – Gleich, gleich werden unsere Fahnen tief sich neigen über dich, mein junger Kamerad, und über das Flaggentuch, was dich einhüllt. Dann aber wird es sein, als ob du das Wort riefest, das du uns lehrtest, das stolze Wort: Die Fahne hoch! Und die Fahnen werden wieder steigen, wie du es willst, vom Tale hinauf zum heißen Be-Leben, und mit ihnen wird dein Geist heraussteigen aus der Gruft, wird tief dringen in unsere Herzen, in uns leben für alle Zeit solange wir atmen dürfen!»

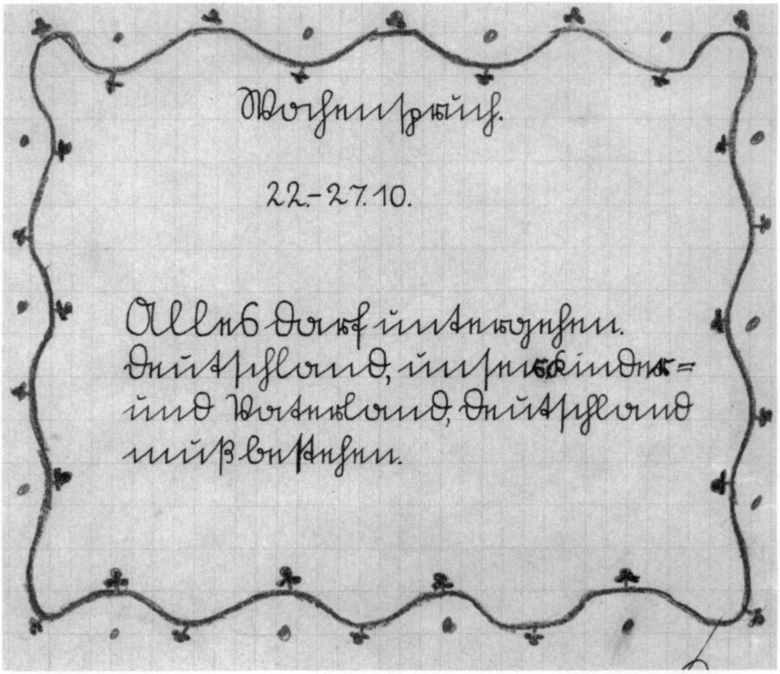

Wochenspruch.

22.-27.10.

Alles darf untergehen.
Deutschland, unser Kinder=
und Vaterland, Deutschland
muß bestehen.

Wochenspruch
22. - 27.10.
Alles darf untergehen.
Deutschland, unser Kinder-
und Vaterland, Deutschland
muß bestehen.

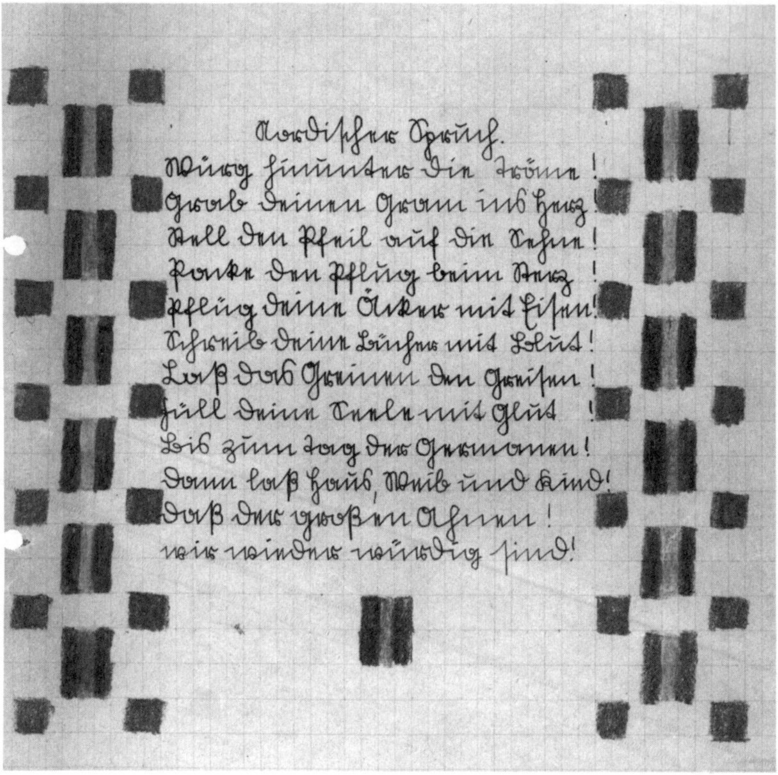
Nordischer Spruch.
Würg hinunter die Träne!
Grab deinen Gram ins Herz!
Stell den Pfeil auf die Sehne!
Packe den Pflug beim Sterz!
Pflüg deine Äcker mit Eisen!
Schreib deine Bücher mit Blut!
Laß das Greinen den Greisen!
Füll deine Seele mit Glut!
Bis zum Tag der Germanen!
Dann laß Haus, Weib und Kind!
Daß der großen Ahnen!
wir wieder würdig sind!

Nordischer Spruch

Würg hinunter die Träne!
Grab deinen Gram ins Herz!
Stell den Pfeil auf die Seele!
Packe den Pflug beim Sterz!
Pflüg deine Äcker mit Eisen!
Schreib deine Bücher mit Blut!
Laß das Greinen den Greisen!
Füll deine Seele mit Glut!
Bis zum Tag der Germanen!
Dann laß Haus, Weib und
Kind!
Daß der großen Ahnen!
wir wieder würdig sind!

Von der Terrasse sieht man im Westen die blauen Kämme der Vogesen. Man erzählt uns viel vom «Feuer im Elsaß». Sie zeigen uns den Hartmannsweilerkopf. Vier Jahre lang hat man dort im Ersten Weltkrieg die Mündungsfeuer der Kanonen gesehen, meine Geschwister erinnern sich noch daran. An die vielen Bombennächte im Keller auch.

Das muß hundert Jahre her sein.
Es sind keine fünfzehn.

Der Treueschwur der Saarländer beim Niederwaldfest vom 27. August '33 lautet:

Schwört und sprecht:
Recht bleibt Recht!
Wahr bleibt wahr!
Deutsch die Saar!

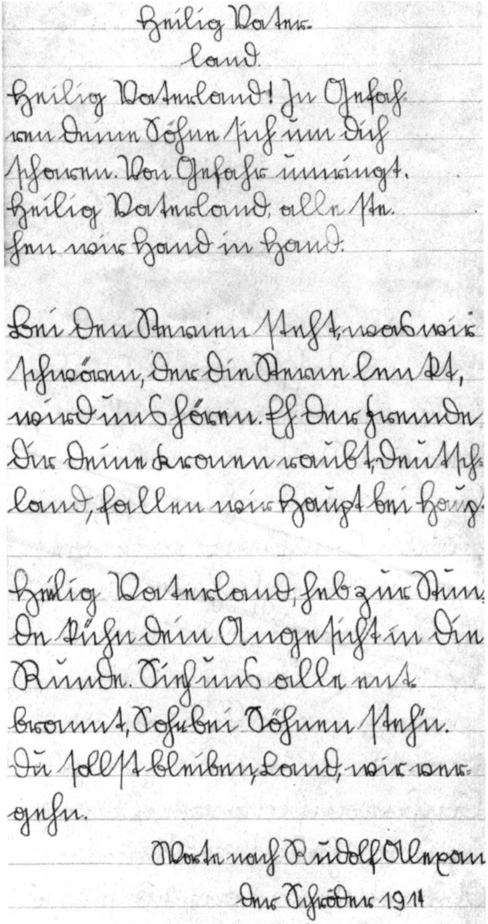

Heilig Vaterland.

Heilig Vaterland! In Gefahren deine Söhne sich um dich scharen. Von Gefahr umringt.
Heilig Vaterland, alle stehen wir Hand in Hand.
Bei den Sternen steht, was wir schwören, der die Sterne lenkt, wird uns hören. Eh der Fremde dir deine Kronen raubt, Deutschland, fallen wir Haupt bei Haupt.

Heilig Vaterland, heb zur Stunde kühn dein Angesicht in die Runde. Sieh uns alle entbrannt, Sohn bei Söhnen stehn.
Du sollst bleiben, Land, wir vergehn.
Worte nach Rudolf Alexander Schröder 1914

Wenn mich nur die Zigeuner stehlen würden! In Haslach auf der Haid stehen ihre bunten Wagen. Beim Sonntagsspaziergang halte ich mich trotz Warnung immer nah bei den Wagen auf, aber sie wollen mich nicht. Sie haben ja Kinder genug.
Bei Umfragen in der Schule gehöre ich immer zu den Kindern mit den wenigsten Geschwistern, wir sind nur fünf. Die meisten haben sechs bis zwölf. Mein Vater ist Lehrer, er würde also nie arbeitslos.

Auf Wiedersehen!

1936

G.B.
1936

# 5
# KÜNSTLERPOSTKARTEN

NACH BILDERN VON HANS FRANKE

# SAMMLUNG
FÜR
# MUTTER UND KIND

DURCHGEFÜHRT VOM
CARITASVERBAND DER ERZDIÖZESE FREIBURG

DURCH ERLASS DES MINISTERIUMS DES INNERN
VOM 15. VIII. 29 GENEHMIGT

Б.В.

G.B.

KINDERHEIMBERNE.

G.BECHTOLD

Ein Spaziergang

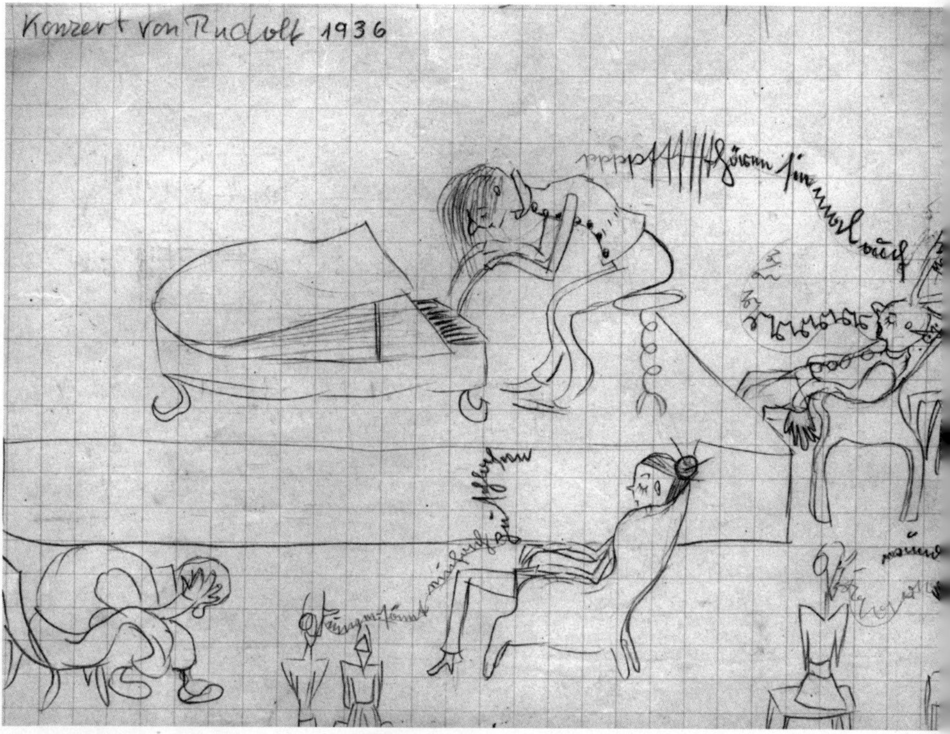
Konzert von Rudolf 1936

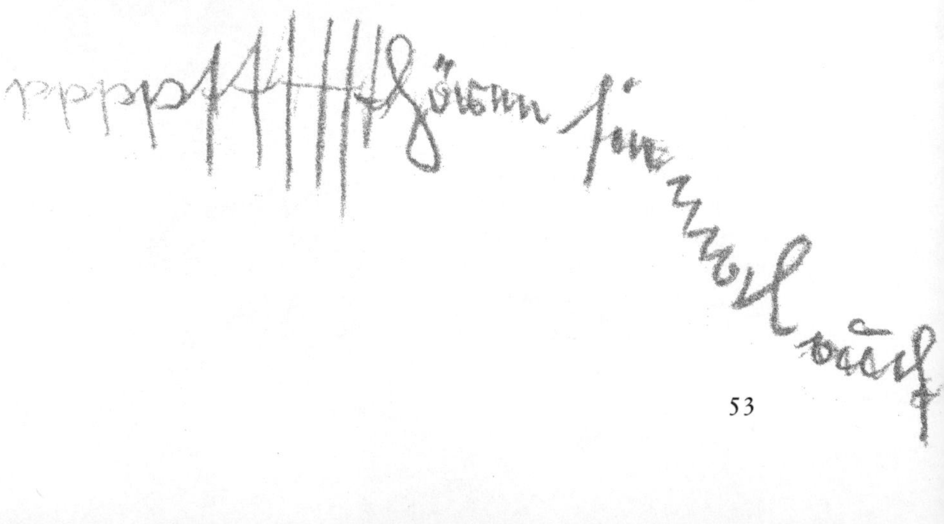

In der Quinta gehen wir mit
den Nonnen in einen Film
über den Spanienkrieg.
So also ist der Krieg. Beim
Anblick der fallenden Bomben
schreit ein Kind: «Feuer!»
Panik bricht aus, der Film
wird abgebrochen.
Auch bei uns wird es bald
Krieg geben, Freiburg wird
aussehen wie die Städte in
Spanien, ich weiß es. Auch wir
werden fliehen müssen, wir
wohnen ja an der Grenze.
Ich bin 14 Jahre alt.

1937

13 bei Tisch sind sie bei der Nachbarin, deren Tochter Hochzeit hat. Ich werde eingeladen, damit es 14 sind. Es ist sterbenslangweilig, alle sind erwachsen, ich bin 14 Jahre alt.

Hitler schreit in seinen Reden
von 14 Jahren Mißwirtschaft!
Ich bin 14 Jahre alt. Das gibt
mir zu denken.

G.B. 14 Jahre

G.B. 1937 «Krieg»

G.B. 1937

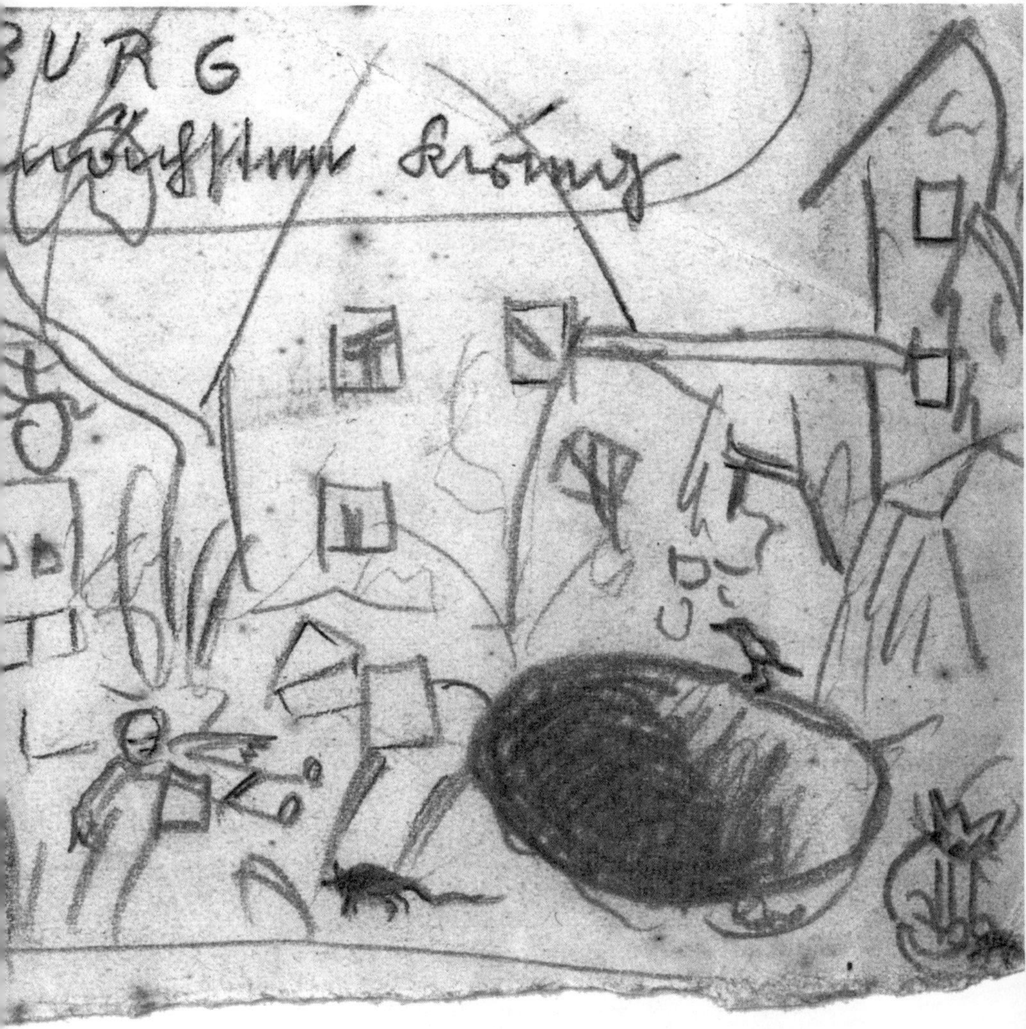


Freiburg. 1 Jahr nach dem nächsten Krieg

Als Rudolf fort wollte zum Konzert, hatte er eine weiße Hose (einen weißen Hintern), da putzte Mutti sie (ihn) mit ihrem Schurz ab. Hahaha

1937
Meine Schwester hat einen neuen Hut.

Meine Schwester hat eine Freundin, die mit vollem Namen in der Zeitung erscheint, weil sie einen jüdischen Freund hat. Sie sei eine Rassenschänderin. Rassenschänderin. Die Freundin legt sich auf die Zugschienen und ist tot.

In der Wohnung der Hexe wohnt jetzt eine kleine, dicke Frau. Sie näht Kleider für meine Puppen und für sich selbst. Sie ist die einzige Frau in der Straße, die einen Beruf hat. Ihrem Mann hatte man im Krieg in den Kopf geschossen. Seine Augen sind stier, und er hält sich im «Haslacher Hof» auf.
Die Frau gibt Konzertabende, und mein Bruder muß sie auf dem Klavier begleiten. Auf dem Klavier steht eine Rokokodame aus Porzellan. Die Frau singt: Wiener Blut. Ihr Bruder schwärmt für Wagner und singt Parsifal, und so nennt man ihn auch. Beim Holzspalten im Hof erzählt er meinem Bruder, das mache er besonders gern: Bei jedem Holzklotz denkt er, es sei ein Judenkopf.

Mein Bruder gibt Konzerte mit dem Geiger Bruno Lenz. Sie finden im Museumssaal und im Kaufhaus statt. Ich darf manchmal umblättern, aber meist spielen sie alles auswendig.

# TIBET

Mit dem Vater reise ich nach Tibet – auf dem Atlas. Ich verschlinge Bücher und Filme darüber. Om Mani padme Hum.

ich 1938

– Où il y a des Allemands, là est l'A

Lebensgefährlich ist auch das, was uns der Nachbar aus dem Herder-Verlag mitbringt. Den Ausschnitt aus einer ausländischen Zeitung verstecke ich. Unter Nachbar verstehen wir für die Dauer des Krieges den Ausländersender.

# FREIHEIT!!!! ?

Mit meinen Brüdern zusammen bastelt mein Vater einen Detektor. Man kann nun ab und zu einen Ton aus dem Kopfhörer hören. Aber die Erdleitung am Haus verärgert die Hausbesitzerin. Sie behauptet nach dem ersten Gewitter, der Blitz sei ihrem Untermieter auf dem Klo zwischen den Beinen durch in den Boden gefahren, und daran ist mein Vater schuld.

Jeden Abend kommt der Nachbar, um mit meinem Vater Nachrichten zu hören, Radio Beromünster oder BBC London. Alle Türen und Fenster werden geschlossen. Ich halte Wache auf der Treppe vor der Haustür. Ausländersender hören ist Verrat am Vaterland und lebensgefährlich. Keinem Menschen darf ich erzählen, was wir gehört haben.

Allah, lasse dem Krieg
Steine wachsen im Bauch.

Mein Vater, der stundenlang im Werkraum der Schule bastelt, wird angezeigt wegen Schwarzarbeit.
Danach erfolgt eine Anzeige wegen Verweigerung des Deutschen Grußes, das wiegt schwerer.
Es ist derselbe Schüler, der meinen Vater schon wegen der Schwarzarbeit angezeigt hatte.

Das Bild «Freiheit» läßt mich nicht schlafen. Ich schmiere die Hakenkreuze zu und verstecke die Zeichnung in der Kochkiste. Falls Haussuchung wäre, käme mein Vater ins KZ.

FREIHEIT!!!!?
G.B.
1937

Unser Nachbar, er ist Lektor bei Herder, bringt eine ausländische Zeitung mit. Ich zeichne das Bild «Die Metzger Deutschlands» ab und verstecke es; es ist lebensgefährlich, es im Haus zu haben.

Eine alte Tante in St. Georgen erzählt überall, Hitler sei der Böse. Zum Glück stirbt sie, bevor man sie in eine Anstalt bringen kann. 1938.
Frau Stang im Magdalenenhof hat alte Bücher mit furchtbaren Prophezeiungen. Sie verkauft auch Plaketten aus einem Kloster. Wer sie trägt, wird von keiner Bombe getroffen, wenn es Krieg gibt. Meine Mutter kauft keine, fünf Mark sind eine Menge Geld.
«Es wird ein Gaskrieg», sagen die Männer. Im «Braunen Haus» in Haslach fassen wir Gasmasken.
Vater und ich bauen einen Schutzraum. Mit Zeitungspapier machen wir ihn gasdicht.

«Ich hasse mein Vaterland!», schrie Margit, die Freundin meines Bruders. Sie kam eben aus Basel, wo sie bei Hans Voigt Klavierunterricht hatte. Dabei hatte sie erfahren, wie man bei uns mit den Juden umging.
An der Haltestelle beim Bahnhof steht Fräulein Zeiser und schreit empört: «Das ist eine Kulturschande, vor der ganzen Welt müssen wir uns schämen!» So erfahre ich, daß man in der Nacht die Synagoge verbrannt hat. Kein Mensch nimmt Stellung, alle schweigen. Ich denke, nun wird sie verhaftet.
Die Großmutter von Renate hat man abgeholt, Renate darf nicht mehr in die Schule. Sie war die Beste in der Klasse, aber ihre Großmutter war Jüdin.

1938 ist mein letzter Besuch in der Nachbarstadt Basel. Die Eltern nehmen mich mit in den Zoo. An einer Plakatsäule entdecke ich Werbung von verschiedenen Parteien und bekomme Angst, daß gleich die Polizei erscheint.

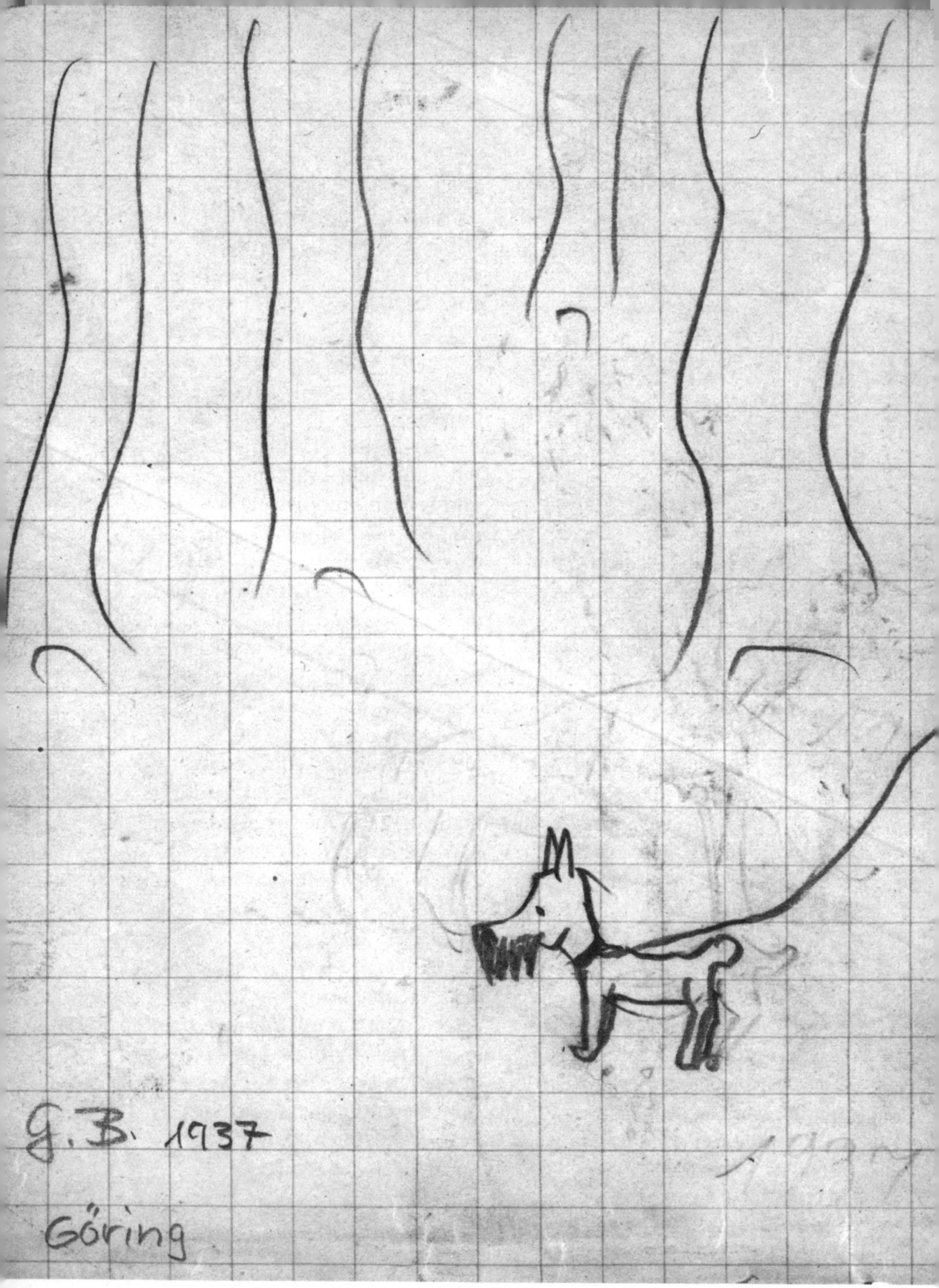
G. B. 1937
Göring

In den verdunkelten Straßen
muß jeder die Leuchtplakette
tragen, damit man nicht dau-
ernd an Leute stößt.
Sechs Jahre Dunkelheit.

Ich zeichne das Triumphirat:
Göring, Goebbels, Hitler.

HOF

Gerhard Lechtold
3b. 14. VII. 1938

VORSICHT
VORSICHT
OBST
MARGARINE

Gottfried August Bürger

## Lenore

Lenore fuhr ums Morgenrot
Empor aus schweren Träumen:
«Bist untreu, Wilhelm, oder tot?
Wie lange willst du säumen?» –
Er war mit König Friedrichs Macht
Gezogen in die Prager Schlacht
Und hatte nicht geschrieben,
Ob er gesund geblieben.

Der König und die Kaiserin,
Des langen Haders müde,
Erweichten ihren harten Sinn
Und machten endlich Friede;
Und jedes Heer, mit Sing und Sang,
Mit Paukenschlag und Kling und Klang,
Geschmückt mit grünen Reisern,
Zog heim zu seinen Häusern.

Und überall, allüberall,
Auf Wegen und auf Stegen,
Zog alt und jung dem Jubelschall
Der Kommenden entgegen.
«Gottlob!» rief Kind und Gattin laut,
«Willkommen!» manche frohe Braut.
Ach! aber für Lenoren
War Gruß und Kuß verloren.

Sie frug den Zug wohl auf und ab
Und frug nach allen Namen;
Doch keiner war, der Kundschaft gab,
Von allen, so da kamen.
Als nun das Heer vorüber war,
Zerraufte sie ihr Rabenhaar
Und warf sich hin zur Erde
Mit wütiger Gebärde.

Die Mutter lief wohl hin zu ihr:
«Ach, daß sich Gott erbarme!
Du trautes Kind, was ist mit dir?»
Und schloß sie in die Arme. –
«O Mutter, Mutter! hin ist hin!
Nun fahre Welt und alles hin!
Bei Gott ist kein Erbarmen.
O weh, o weh mir Armen!» –

«Hilf Gott, hilf! Sieh uns gnädig an!
Kind, bet ein Vaterunser!
Was Gott tut, das ist wohlgetan,
Gott, Gott erbarmt sich unser!» –
«O Mutter, Mutter, eitler Wahn!
Gott hat an mir nicht wohlgetan!
Was half, was half mein Beten?
Nun ists nicht mehr vonnöten.» –

1942

«Hilf Gott, hilf! Wer den Vater kennt,
Der weiß, er hilft den Kindern.
Das hochgelobte Sakrament
Wird deinen Jammer lindern.» –
«O Mutter, Mutter, was mich brennt,
Das lindert mir kein Sakrament!
Kein Sakrament mag Leben
Den Toten wiedergeben.» –

«Hör, Kind! Wie, wenn der falsche Mann
Im fernen Ungerlande
Sich seines Glaubens abgetan
Zum neuen Ehebande?
Laß fahren, Kind, sein Herz dahin!
Er hat es nimmermehr Gewinn!
Wann Seel und Leib sich trennen,
Wird ihn sein Meineid
brennen.» –

«O Mutter, Mutter! hin ist hin!
Verloren ist verloren!
Der Tod, der Tod ist mein Gewinn!
O wär ich nie geboren!
Lisch aus, mein Licht, auf ewig aus!
Stirb hin, stirb hin in Nacht und Graus!
Bei Gott ist kein Erbarmen;
O weh, o weh mir Armen!» –

«Hilf Gott, hilf! Geh nicht ins Gericht
Mit deinem armen Kinde!
Sie weiß nicht, was die Zunge spricht;
Behalt ihr nicht die Sünde!
Ach, Kind, vergiß dein irdisch Leid
Und denk an Gott und Seligkeit,
So wird doch deiner Seelen
Der Bräutigam nicht fehlen.» –

«O Mutter! was ist Seligkeit?
O Mutter! was ist Hölle?
Bei ihm, bei ihm ist Seligkeit,
Und ohne Wilhelm Hölle! –
Lisch aus, mein Licht, auf ewig aus!
Stirb hin, stirb hin in Nacht und Graus!
Ohn ihn mag ich auf Erden,
Mag dort nicht selig werden.» –

So wütete Verzweifelung
Ihr in Gehirn und Adern.
Sie fuhr mit Gottes Vorsehung
Vermessen fort zu hadern,
Zerschlug den Busen und zerrang
Die Hand bis Sonnenuntergang.
Bis auf den Himmelsbogen
Die goldnen Sterne zogen.

Und außen, horch! gings trapp trapp
trapp,
Als wie von Rosseshufen,
Und klirrend stieg ein Reiter ab
An des Geländers Stufen.
Und horch! und horch! den Pfortenring
Ganz lose, leise klinglingling!
Dann kamen durch die Pforte
Vernehmlich diese Worte:

«Holla, holla! Tu auf, mein Kind!
Schläfst, Liebchen, oder wachst du?
Wie bist noch gegen mich gesinnt?
Und weinest oder lachst du?» –
«Ach, Wilhelm, du? So spät bei Nacht?
Geweinet hab ich und gewacht;
Ach, großes Leid erlitten!
Wo kommst du hergeritten?» –

«Wir satteln nur um Mitternacht.
Weit ritt ich her von Böhmen.
Ich habe spät mich aufgemacht
Und will dich mit mir nehmen.» «Ach,
Wilhelm, erst herein geschwind!
Den Hagedorn durchsaust der Wind,
Herein, in meinen Armen,
Herzliebster, zu erwarmen!" –

«Laß sausen durch den Hagedorn;
Laß sausen, Kind, laß sausen!
Der Rappe scharrt; es klirrt der Sporn.
Ich darf allhier nicht hausen.
Komm, schürze, spring und schwinge dich
Auf meinen Rappen hinter mich!
Muß heut noch hundert Meilen
Mit dir ins Brautbett eilen.» –

«Ach, wolltest hundert Meilen noch
Mich heut ins Brautbett tragen?
Und horch, es brummt die Glocke noch,
Die elf schon angeschlagen.» –
«Sieh hin, sieh her! der Mond scheint hell.
Wir und die Toten reiten schnell.
Ich bringe dich, zur Wette,
Noch heut ins Hochzeitsbette.» –

«Sag an, wo ist dein Kämmerlein?
Wo? wie dein Hochzeitsbettchen?» –
«Weit, weit von hier! Still, kühl und klein!
Sechs Bretter und zwei Brettchen!» –
«Hats Raum für mich?» «Für dich und mich!
Komm, schürze, spring und schwinge dich!
Die Hochzeitsgäste hoffen;
Die Kammer steht uns offen.»

Schön Liebchen schürzte, sprang und schwang
Sich auf das Roß behende;
Wohl um den trauten Reiter schlang
Sie ihre Lilienhände;
Und hurre hurre,
hopp hopp hopp!
Gings fort in sausendem Galopp,
Daß Roß und Reiter schnobenUnd Kies
und Funken stoben.

Zur rechten und zur linken Hand,
Vorbei vor ihren Blicken,
Wie flogen Anger, Heid und Land!
Wie donnerten die Brücken!
«Graut Liebchen auch? Der Mond
scheint hell!
Hurra! Die Toten reiten schnell!
Graut Liebchen auch vor Toten?»
«Ach nein! Doch laß die Toten!»

Was klang dort für Gesang und Klang?
Was flatterten die Raben? …
Horch, Glockenklang! Horch, Totensang:
«Laßt uns den Leib begraben!»
Und näher zog ein Leichenzug,
Der Sarg und Totenbahre trug.
Das Lied war zu vergleichen
Dem Unkenruf in Teichen.

«Nach Mitternacht begrabt den Leib
Mit Klang und Sang und Klage!
Jetzt führ ich heim mein junges Weib;
Mit, mit zum Brautgelage!
Komm, Küster, hier! komm mit dem Chor
Und gurgle mir das Brautlied vor!
Komm, Pfaff, und sprich den Segen,
Eh wir zu Bett uns legen!» –

Still Klang und Sang …
Die Bahre schwand
Gehorsam seinem Rufen,
Kams hurre hurre! nachgerannt
Hart hinters Rappen Hufen.
Und immer weiter, hopp hopp hopp!
Gings fort in sausendem Galopp,
Daß Roß und Reiter schnoben
Und Kies und Funken stoben.

Wie flogen rechts, wie flogen links
Gebirge, Bäum und Hecken!
Wie flogen links und rechts und links
Die Dörfer, Städt und Flecken! –
«Graut Liebchen auch? Der Mond
scheint hell!
Hurra! Die Toten reiten schnell!
Graut Liebchen auch vor Toten?» -
«Ach! Laß sie ruhn, die Toten.» –

Sieh da! sieh da! Am Hochgericht
Tanzt' um des Rades Spindel,
Halb sichtbarlich bei Mondenlicht,
Ein luftiges Gesindel.
«Sasa! Gesindel, hier! Komm hier!
Gesindel, komm und folge mir!
Tanz uns den Hochzeitreigen,
Wann wir zu Bette steigen!» –

Und das Gesindel husch husch husch!
Kam hinten nachgeprasselt,
Wie Wirbelwind am Haselbusch
Durch dürre Blätter rasselt.
Und weiter, weiter, hopp hopp hopp!
Gings fort in sausendem Galopp,
Daß Roß und Reiter schnoben
Und Kies und Funken stoben.

Wie flog, was rund der Mond beschien,
Wie flog es in die Ferne!
Wie flogen oben überhin
Der Himmel und die Sterne! -
«Graut Liebchen auch. Der Mond
scheint hell!
Hurra! Die Toten reiten schnell! –
Graut Liebchen auch vor Toten?» –
«O weh! Laß ruhn die Toten

«Rapp! Rapp! mich dünkt, der Hahn
schon ruft.
Bald wird der Sand verrinnen
Rapp! Rapp! ich wittre Morgenluft
Rapp! tummle dich von hinnen!
Vollbracht, vollbracht ist unser Lauf!
Das Hochzeitsbette tut sich auf!
Die Toten reiten schnelle!
Wir sind, wir sind zur Stelle.»

Rasch auf ein eisern Gittertor
Gings mit verhängtem Zügel;
Mit schwanker Gert ein Schlag
davorZersprengte Schloß und Riegel.
Die Flügel flogen klirrend auf,
Und über Gräber ging der Lauf;
Es blinkten Leichensteine
Rundum im Mondenscheine.

Ha sieh! Ha sieh! Im Augenblick,
Huhu! ein gräßlich Wunder!
Des Reiters Koller, Stück für Stück,
Fiel ab wie mürber Zunder.
Zum Schädel, ohne Zopf und Schopf,
Zum nackten Schädel ward sein Kopf,
Sein Körper zum Gerippe
Mit Stundenglas und Hippe.

Hoch bäumte sich, wild schnob der Rapp
Und sprühte Feuerfunken;
Und hui! wars unter ihr hinab
Verschwunden und versunken.
Geheul! Geheul! aus hoher Luft,
Gewinsel kam aus tiefer Gruft.
Lenorens Herz mit Beben
Rang zwischen Tod und Leben.

Nun tanzten wohl bei Mondenglanz
Rundum herum im Kreise
Die Geister einen Kettentanz
Und heulten diese Weise:
«Geduld, Geduld! Wenns Herz
auch bricht!
Mit Gott im Himmel hadre nicht!
Des Leibes bist du ledig;
Gott sei der Seele gnädig!»

REICHSGARTE
tuttgart
1938

SCHAU
VERANSTALTUNGEN:

1939, G.B.

# 1939

Hinter unserem Haus auf der Wiese ist ein Sommerfest. Wie gerne würde ich mittanzen, aber ich darf nicht, ich bin noch zu jung, erst 16!
«Jetzt beginnen die schönsten Jahre deines Lebens», sagt eine Bekannte, als ich 16 werde, und es beginnt der Krieg.
Wir sammeln in der Schule Heilkräuter und Büchele [Bucheckern], es gibt Kohleferien und Luftschutzkurse. Es gibt Verdunkelung, keine Kleider und Schuhe mehr. Die Amerikaner haben uns die Kartoffelkäfer aus der Luft geschickt. So waren wir beschäftigt. Und wir sangen: Vorwärts, vorwärts, Jugend kennt keine Gefahren.

## Marschlied der Jäger

Hinaus in die Ferne mit lau-
tem Hörnerklang.
Die Stimmen erhebet zum
männlichen Gesang.
Der Freiheit Hauch weht kräf-
tig durch die Welt.
Ein freihes frohes Leben uns
wohlgefällt

Wir halten zusammen wie
treue Brüder tun.
Wenn Tod uns umtobet und
wenn die Waffen ruhn.
Uns alle treibt ein reiner frei-
her Sinn.
Nach einem Ziele streben wir
alle hin.

Der Hauptmann er lebe! Er
geht uns kühn voran.
Wir folgen ihm mutig auf
blutger Siegesbahn.
Er führt uns jetzt zum Kampf
und Sieg hinaus.
Er führt uns einst, Ihr Brüder,
ins Vaterhaus.

Wer wollte wohl zittern vor
Tod und vor Gefahr?
Vor Feigheit und Schande
erbleichet unsre Schar.
Und wer den Tod im heilgen
Kampfe fand,
ruht auch in fremder Erde im
Vaterland.

## Kommunionslied

Seele Christi heilge mich
Leib Christi erlöse mich
Blut Christi tränke mich
Sein Seitenwasser wasch mich
Leiden Christi stärke mich
O gütiger Jesus erhöre mich
Verbirg in Deinen Wunden mich
Laß nimmer von Dir scheiden mich
Vor dem bösen Feinde schütze mich
In der Todesstunde rufe mich
Und heiße zu Dir kommen mich
Damit ich möge loben Dich
Mit deinen Heiligen ewiglich

Amen

August 1939
1. Flucht
1 Flucht – Verdunkelung

S.B.
Flucht
1939
2

Am 9. November:
Hört ihr des Führers wunder-
volles Wort,
ihr, die ihr lang schon unter
Rosen liegt?
Wie Glockschläge tönt es
mächtig fort:
«Und ihr habt doch gesiegt!»

Im Herbst 1939 sind wir an der Front. Unterhalb von Haslach beginnt die Sperrzone. Baumstämme liegen als Panzersperre auf der Straße zum Mooswald. Wir fliehen zum ersten Mal auf den Schwarzwald. Wir dürfen nur noch nach St. Georgen, weil Vater dort Reben hat. Aber keiner schießt am Westwall. Deshalb fängt leider die Schule wieder an.

S.B
Flucht 39
4 im Zug

Oft erzählt uns die Mutter vom 1. Weltkrieg. Viele gefallene Männer und viele Mädchen, die keinen Mann bekamen. Die Soldaten des 1. Weltkriegs waren auf den Fotos alles alte Männer mit Bärten. Jetzt sind es junge Männer, kaum älter als ich, aber noch ahne ich die Folgen nicht. Ich schiebe einen Kinderwagen durch die Gräberreihen,
15-, 16-jährige.

In der Predigt im Münster ermahnt uns der Erzbischof, der Soldaten würdig zu sein – uns rein zu halten bis zu ihrer Rückkehr.
Jetzt ziehen auch bei uns die Flüchtlinge vorbei.
Stundenlang kommen sie aus den Rheindörfern mit Ochsenkarren vorbei. An den Wagen stecken Kirschzweige.
In der Schule singen wir: «Wir sind die Herren der Welt!»
Dann sind die Schulen geschlossen.
Überall sieht man Flüchtlingskinder aus dem Rheinland. Kinderlandverschickung heißt das. Die Kleinen tragen Erkennungsmarken um den Hals.

S. B.
Flüchtlinge Mai 40
in Haslach
Kaiserstühler (Gündlingen)

Nacht
Sanft und lose in der Hand
hält die Nacht nun ihr Gewand
hüllet jedes Ding darein,
daß es möge ruhig sein
drückt dem Leid die Augen zu
küßt das kranke Herz in Ruh
bringt dem Müden milden Schlaf
macht die wilden Knaben brav
wieget sacht die Mädchen ein
sendet uns der Sterne Schein
löst sie dann mit stiller Hand
von den Dingen ihr Gewand
ist der Tag der Laute da
er macht alles hart und klar

Gretel Bechtold, 1945

Flucht 39
Rast beim Hotel Seebrugg

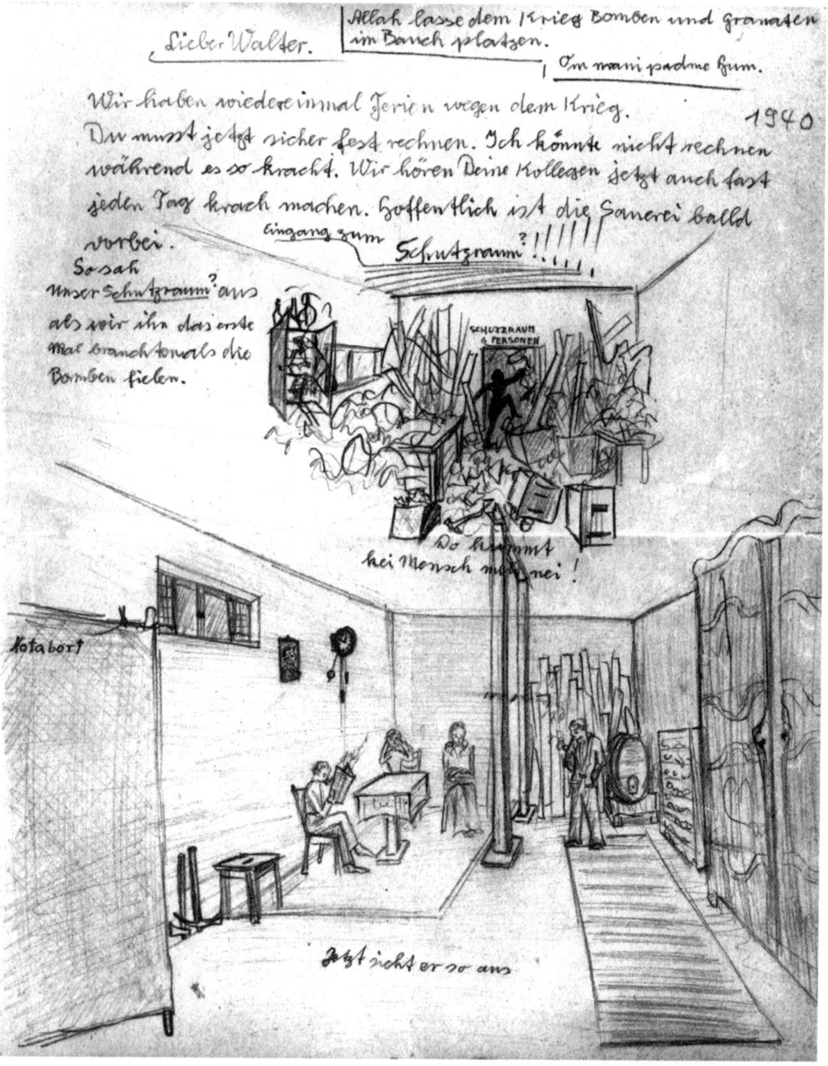

Lieber Walter.
Allah lasse dem Krieg Bomben und Granaten im Bauch platzen.
Om mani padme hum.
Wir haben wiedereinmal Ferien wegen dem Krieg.
1940
Du musst jetzt sicher fest rechnen. Ich könnte nicht rechnen während es so kracht. Wir hören Deine Kollegen jetzt auch fast jeden Tag krach machen. Hoffentlich ist die Sauerei balld vorbei.
Eingang zum Schutzraum?!!!!!!
So sah unser Schutzraum? aus als wir ihn das erste Mal brauchten als die Bomben fielen.
SCHUTZRAUM 6 PERSONEN
Do kummt kei Mensch meh nei!
Notabort
Jetzt sieht er so aus

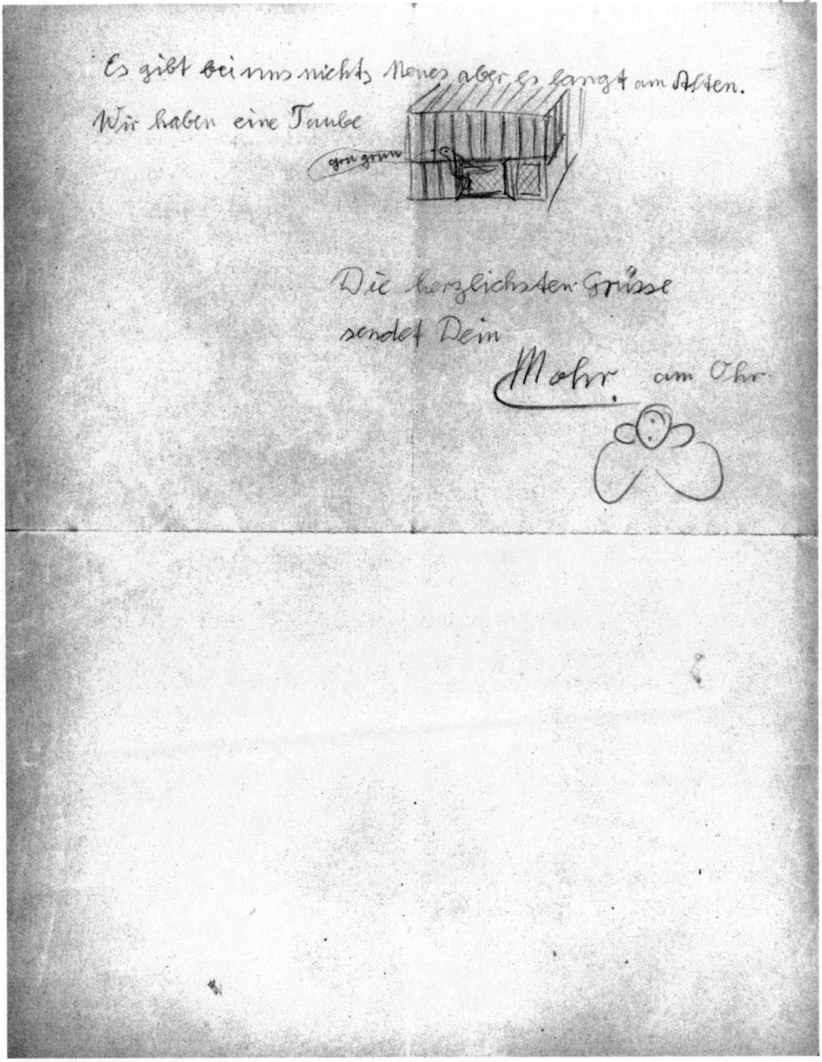

Es gibt bei uns nichts Neues aber es langt am Alten.

Wir haben eine Taube

grr grrr

Die herzlichsten Grüsse

sendet Dein

Mohr. am Ohr

Die letzten Briefe an meinen
Bruder, der Ende Mai in
Flandern fiel.
Er war bei der Artillerie.

«Freiburg, 27.4.40

Lieber Walter.
Hast Du die Geistergeschichte immer noch nicht fertig? Ich warte täglich auf sie. Max ist beim Bäro. Wir haben jetzt einen saumässig strengen Franz. Lehrer, er heisst Longerich. Er macht, seit wir ihn haben, immer Grammatik. Der Specht ist ganz zahm im Vergleich zu ihm. Als Klassenlehrer haben wir den Wobberer.
Sonst ist bei uns nichts passiert, was Dich interessieren würde. Das Hansi-Hüttle steht noch. Haben bei Dir die Bäume auch schon Blätter und Blüten?
Bei uns sind die meisten schon verblüht. Jetzt blühen die Apfelbäume. Jetzt wäre es pfundig im Mooswald und an der Bechtoldskirche, aber wir dürfen ja nicht mehr hin. Nicht einmal nach Lehen oder ins Rieselfeld.
Nach St. Georgen dürften wir auch nicht mehr, aber es ist eingemeindet, deshalb darf man da noch ohne Bescheinigung hin. Ich weiss sonst gar nichts, es ist so langweilig. Gestern war ich im liegenden Flohhändler*. Es war pfundig. Der Birkenzweig bei den Blumen ist von der grossen Birke vor dem Küchenfenster. Eigentlich habt ihr ja auch Birken, aber von den Pfirsichbäumen nehmen wir lieber nichts weg, da sie sowieso sehr schwach geblüht haben. Wir schicken Dir dann die Pfirsiche oder – am besten ist es, wenn Du sie Dir holst. Schicke mir also bitte bald die Fortsetzung des Briefes. Mariechenbohnen kann ich Dir jetzt leider keine mehr schicken.
Viele herzliche Grüsse sendet Dir
Dein Mohr»

* «Der Fliegende Holländer»

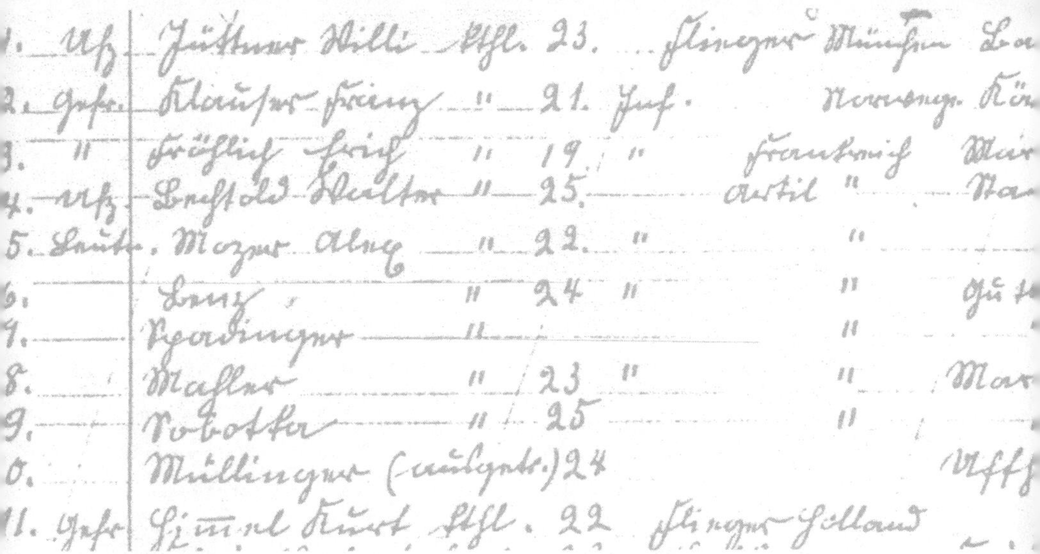

«Freiburg, 16. Mai 1940

Lieber Walter.
Wir haben so viel Post bekommen, dass wir gar nicht wissen wem wir zuerst antworten sollen. Alle wollen wissen wie es uns geht.
Uns geht es allen gut. Wir waren gerade alle zu Hause, als die Bomben fielen. Mutti und ich waren im Garten vor dem Haus, als es plötzlich ordentlich krachte. Mutti sagte gleich, dass es Bomben seien, so rannten wir schnell in den Keller. (Schutzraum, in den nach Vaters Ausspruch kein Mensch mehr hinein kommt.) Als wir aber in der Waschküche waren, war schon alles wieder vorbei, so schnell ging das, und in dieser Zeit wurden 52 Menschen getötet, das heisst viele starben erst danach.
Wir blieben dann noch lange im Keller, denn wir konnten ja nicht wissen, ob es fertig war. Max hatte gerade Stunde, er kam aber gleich herunter. Die Bomben gingen fast alle im Stühlinger nieder, wo es wüst aussieht. Ganze Strassen sind ohne Fenster. Ein Hinterhaus ist fast ganz eingestürzt. Hoffentlich kommen sie nicht nocheinmal.
Wir haben einen neuen Merlo. Eine ganz zahme Taube. Sie frisst aus der Hand. Schreibe uns bald wieder.
Die herzlichsten Grüsse sendet

Dein Mohr.»

Mein Bruder fällt in Flandern, geschlachtet vom Moloch Staat. Auf dem Felde der Ehre für Führer, Volk und Vaterland, steht in dem Brief, der morgens einfach im Kasten liegt.
Mein Bruder ist der vierte Gefallene aus Haslach. Meine Mutter schreibt seither täglich die Anzeigen der Gefallenen aus der Zeitung ab. Mich beachtet sie kaum noch.
Im Laufe des Krieges werden mehrere Schulhefte voll. Frankreich ist besiegt. Mein Bruder ist gefallen. Man feiert den Sieg mit Fahnen. «Hißt Flagge», schreit der Blockwart vor dem Haus.
Meine Mutter weigert sich. Nie mehr hängt sie eine Flagge auf.

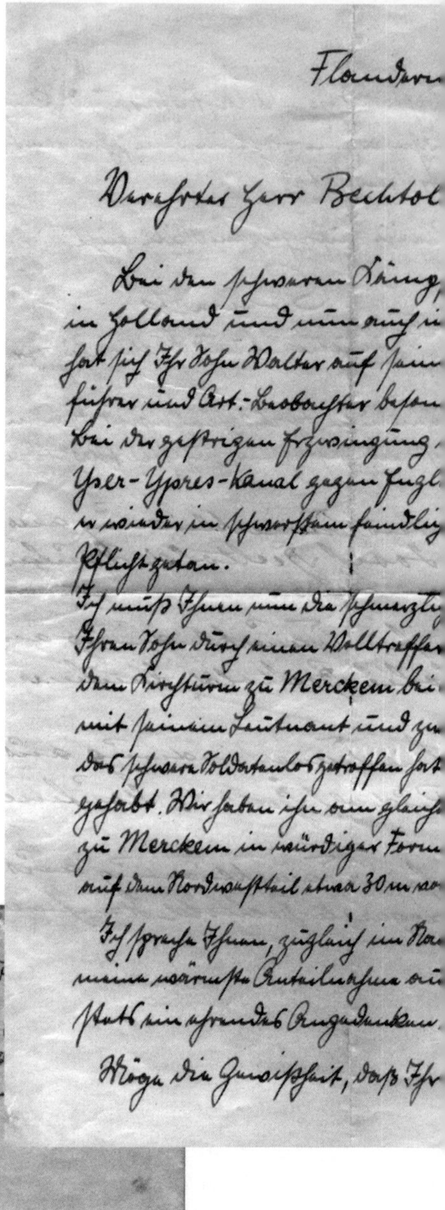
Flandern

Verehrter Herr Bechtol

Bei den schweren Kämpf
in Holland und nun auch i
hat sich Ihr Sohn Walter auf sein
führer und Art.-Beobachter beson
bei der gestrigen Erzwingung
Yser-Ypres-Kanal gegen Engl
er wieder in schwerstem feindlich
Pflicht getan.
Ich muß Ihnen nun die schmerzli
Ihren Sohn durch einen Volltreffer
dem Kirchturm zu Merckem bei
mit seinem Leutnant und zu
das schwere Soldatenlos getroffen hat
gehabt. Wir haben ihn am gleich
zu Merckem in würdiger Form
auf dem Nordwestteil etwa 30 m
Ich spreche Ihnen, zugleich im Na
meine wärmste Anteilnahme au
statt ein ehrendes Angedenken.
Möge die Gewißheit, daß Ihr

Abs.: Leutnant Sonneck 04112

Feldpost

FELDP
b
---1.

Herrn
Oberlehrer Bechtold
Freiburg i. Br.
Staufener Str. 44

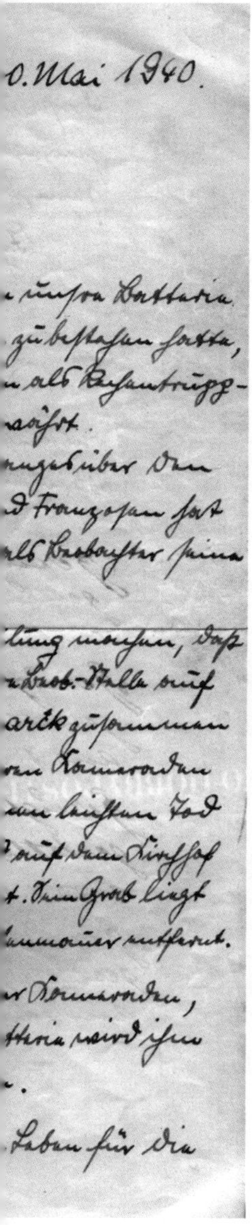

0. Mai 1940.

unsere Batterie
zu bestehen hatte,
als Kabeltrupp-
geführt.
ungeb über den
d Franzosen hat
als Beobachter seine
tung machen, daß
Beob.-Stelle auf
arck zusammen
en Kameraden
en leichten Tod
auf dem Kirchhof
t. Sein Grab liegt
Kirchenmauer entfernt.
r Kameraden,
tterie wird ihn
.
Leben für die

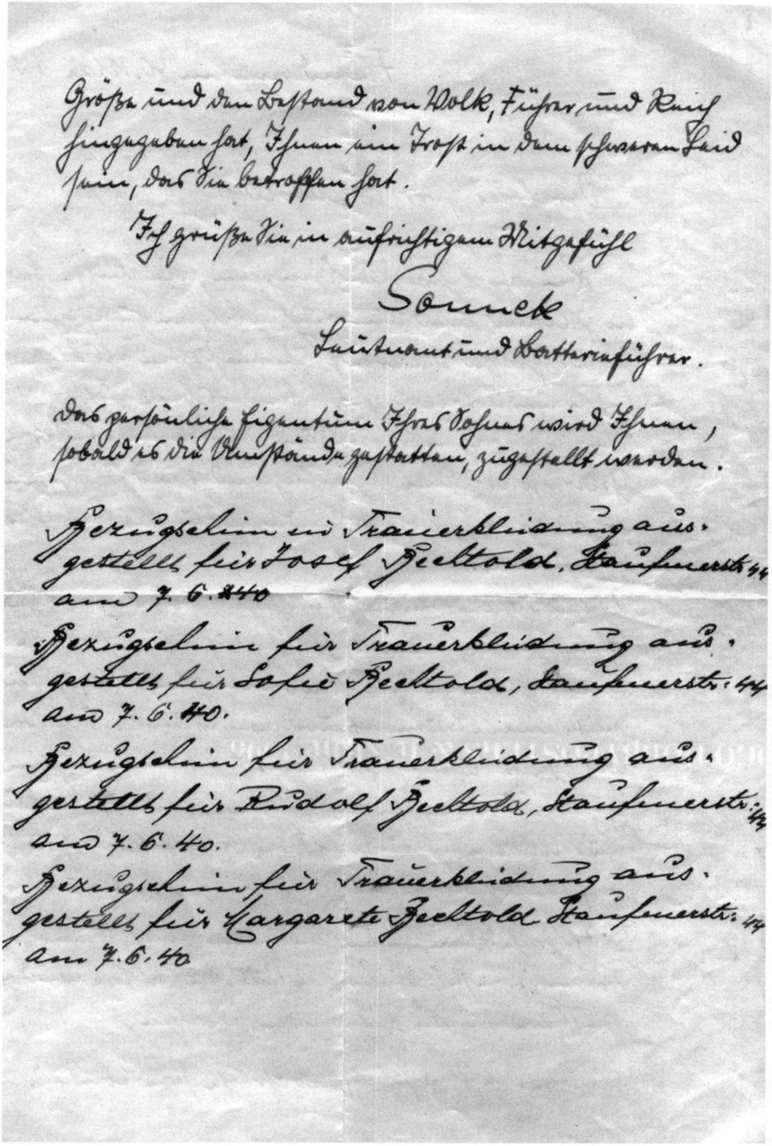

Größe und den Bestand von Volk, Führer und Reich hingegeben hat, Ihnen ein Trost in dem schweren Leid sein, das Sie betroffen hat.

Ich grüße Sie in aufrichtigem Mitgefühl

Sonneck

Leutnant und Batterieführer.

Das persönliche Eigentum Ihres Sohnes wird Ihnen, sobald es die Umstände gestatten, zugestellt werden.

Bezugschein für Trauerkleidung ausgestellt für Josef Bechtold, Kaufunerstr. 44 am 7.6.40

Bezugschein für Trauerkleidung ausgestellt für Sofie Bechtold, Kaufunerstr. 44 am 7.6.40.

Bezugschein für Trauerkleidung ausgestellt für Rudolf Bechtold, Kaufunerstr. 44 am 7.6.40.

Bezugschein für Trauerkleidung ausgestellt für Margarete Bechtold Kaufunerstr. 44 am 7.6.40

Freiburg, 20. VIII. 1940
21.

Liebe Mutti.

Am letzten Sonntag waren wir in Neuenburg. Es ist gruselig. Ida hatte nur noch ein Bild auf dem Film, weshalb sie den Foto hier lässt. Wenn Du dann wieder hier bist, wollen wir noch einmal miteinander hin. Grabers und Fr. Huschle wollen auch gerne mit. Nachdem wir Neuenburg gesehen hatten, giengen wir noch zu Fuss nach Badenweiler, da Ida noch nie dort war. Am Abend waren wir sehr müde, worum sich aber die Engländer wenig kümmerten, denn wir mussten in der Nacht 2 ½ Stunden in den Keller sitzten. Sie warfen wieder Leuchtbomben und weiter weg (Richtung Emmendingen, Riegel) hörte man Bom fallen. Du kannst jetzt dann sicher gut schwim Max hat heute wieder einen langen Brief mit Karten geschickt, wir wissen nur nicht ob es sich noch lohnt ihn Dir zu schicken, ob er noc ankommt. Es geht ihm sehr gut. Er war an der oberen Seine und kommt jetz nach Besançon. Wie geht es Inge, gefällt es ihr gut? Sage ihr viele Grüsse von mir. Kommst Du jetzt am Montag? Hoffentlich hast Du bis dorthin noch recht schönes Wetter. Gotte hat uns auch einen Brief geschrieben.

Viele Grüsse und Küsse sendet Dir

Deine Gretel.

Mohr.

Gretel Bechtold
4b. 15.I.1940

Nach dem ersten Angriff auf Freiburg 1940 müssen alle ihre Neugier befriedigen. Man besieht sich die 52 Särge vor der Leichenhalle, bis wieder die Sirenen heulen und die Schrapnelle in der Luft platzen. Mit dem Kinderwagen rennen wir in die Halle der Gruften in Deckung.
In Todesangst sehe ich mich auch schon im Sarge liegen.

1940 S.T.
Schutzraum

SCHUTZRAUM!
G. B. 1940

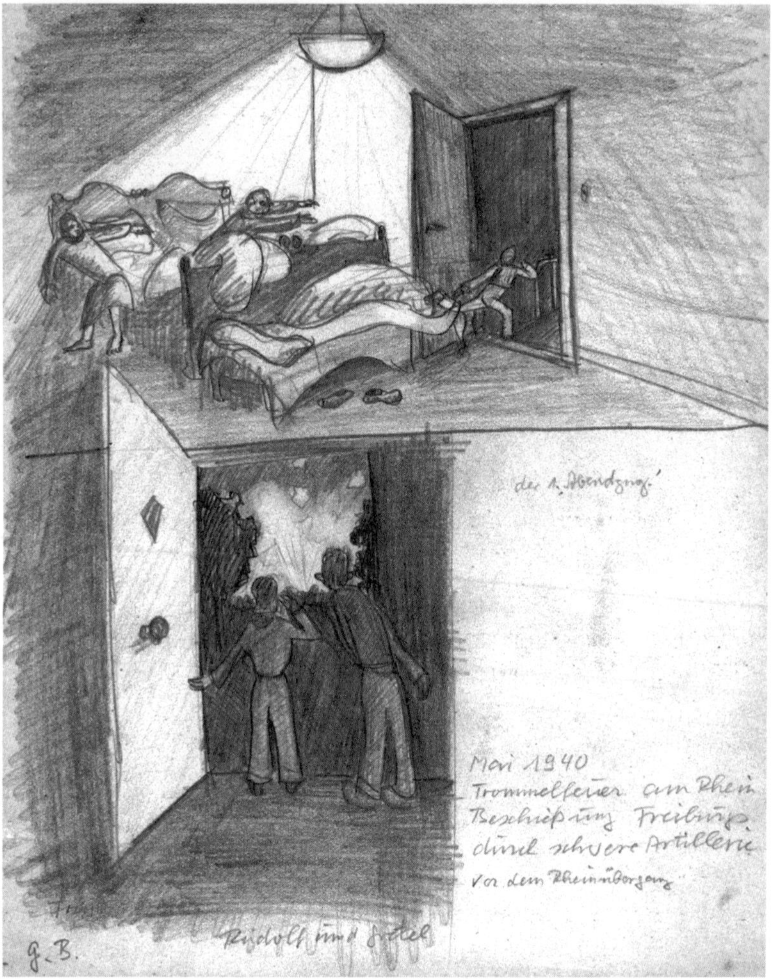


Juni 1940
Drei Tage Trommelfeuer vor dem Rheinübergang. Eisenbahngeschütze aus dem Elsaß beschießen Freiburg. Deutsche Geschütze am Lorettotunnel schießen ins Elsaß.

Ich weiß jetzt, was das «Feuer im Elsaß» bedeutet. Wir fliehen zum zweiten Mal in den Schwarzwald.

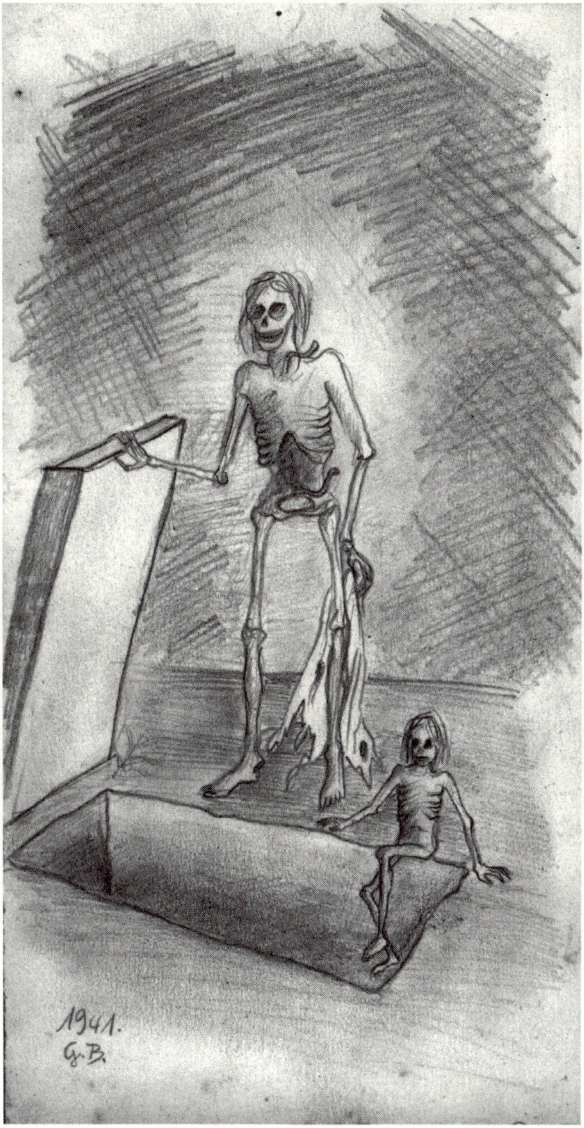
1941.
G.B.

hat Bienen im Schutzraum.

Führer befieht

Das
Volk
1941
G. Bechtold
wir folgen

Der einzelne ist nichts, das Volk ist alles. Dieser Spruch hängt bei der Musterung an der Wand des Gesundheitsamtes.

In der Schule wird gesungen: «Führer, wir gehören dir!» In der Kirche: «Keiner soll jemals lieber mir werden als Du, Jesu Liebster mein!» Man hat keinen Liebsten – alle Männer sind fort.

G. Bi
ca 1942

Nachts im Keller wird gebetet. Die Kinder mit Rucksack, den Bär im Arm.
Fast alle Frauen tragen jetzt schwarz. Die meisten sind jung und viele schwanger. Täglich sind Totenmessen. Auf dem Weg meint eine Nachbarin: «Wenn meiner fällt, will ich nicht mehr leben.» Aber sie lebt weiter – allein.

Es gibt gefallene Männer – sie sind Helden.
Es gibt gefallene Mädchen.

G Bechtold
1942

Meine Klassenkameradin schreibt: «Ich lese immer noch Stifters Nachsommer und werde dabei so froh und so traurig, wenn ich an das Jetzt denke.»
Auch ich lese Stifter: Über das sanfte Gesetz!

Eine aus der Klasse hat einen Bruder, der malt. Er weiß, daß es Maler gibt, die blaue Pferde malen. Offiziell ist das entartet. Kulturelle Nulldiät.

Mein Schwager, der Maler,
schreibt aus Rußland:
«Deine Nöte in Dingen der
Malerei kann ich verstehen.
Leider bin ich so weit aus der
Materie herausgerissen, daß
ich keinen Trost mehr zu spenden imstande bin.»

Für die Lehrer sind wir:
Katastrophenjugend!
Bevölkerungspolitische
Blindgänger
Herr Jesus, in welche Klasse
hast du mich geführt!

Was uns beschäftigt:
Wird man schwanger vom
Per-Arm-Gehen?
Es sollte Probeehen geben!
Darf man Nacktbilder in der
Kunst anschauen, ohne zu
beichten?

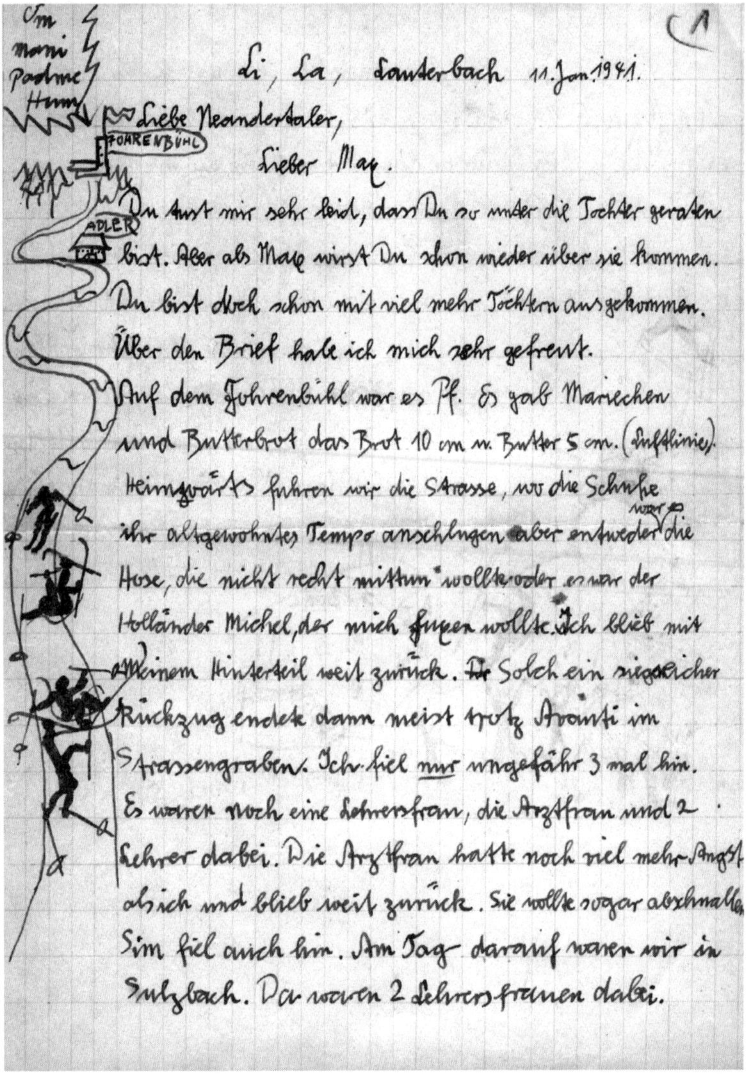


Li, La, Lauterbach 11. Jan. 1941.

Liebe Neandertaler,

Lieber Max.

Du tust mir sehr leid, dass Du so unter die Töchter geraten bist. Aber als Max wirst Du schon wieder über sie kommen. Du bist doch schon mit viel mehr Töchtern ausgekommen.

Über den Brief habe ich mich sehr gefreut.

Auf dem Fohrenbühl war es Pf. Es gab Mariechen und Butterbrot das Brot 10 cm u. Butter 5 cm. (Luftlinie).

Heimwärts fuhren wir die Strasse, wo die Schuhe ihr altgewohntes Tempo anschlugen aber entweder war es die Hose, die nicht recht mittun* wollte oder es war der Holländer Michel, der mich fuxen wollte. Ich blieb mit meinem Hinterteil weit zurück. ~~Ir~~ Solch ein siegreicher Rückzug endete dann meist trotz Avanti im Strassengraben. Ich fiel <u>nur</u> ungefähr 3 mal hin.

Es waren noch eine Lehrersfrau, die Arztfrau und 2 Lehrer dabei. Die Arztfrau hatte noch viel mehr Angst als ich und blieb weit zurück. Sie wollte sogar abschnallen. Sim fiel auch hin. Am Tag darauf waren wir in Sulzbach. Da waren 2 Lehrersfrauen dabei.

Gegen Sulzbach mussten wir einen Steilen Weg hinunterfahren es sah aber aus als hätten wir ein Gelübbde gemacht ~~auf~~ ihn ~~an~~ mit allen Körperteilen nur nicht mit Schuhe und Schie zu begehen. Am Ende des Weges wo sich ein Wirtshaus befand, war gerade die Sulzbacher Jugend versammelt die von der Religion kam. Als sie nun ihr Fralein Lährerin so anfliegen sahen, brachen sie in ein mörderisches Geschrei aus. Sie wunderten sich sehr, dass s'Fralein Lährin an Schifahre kann.

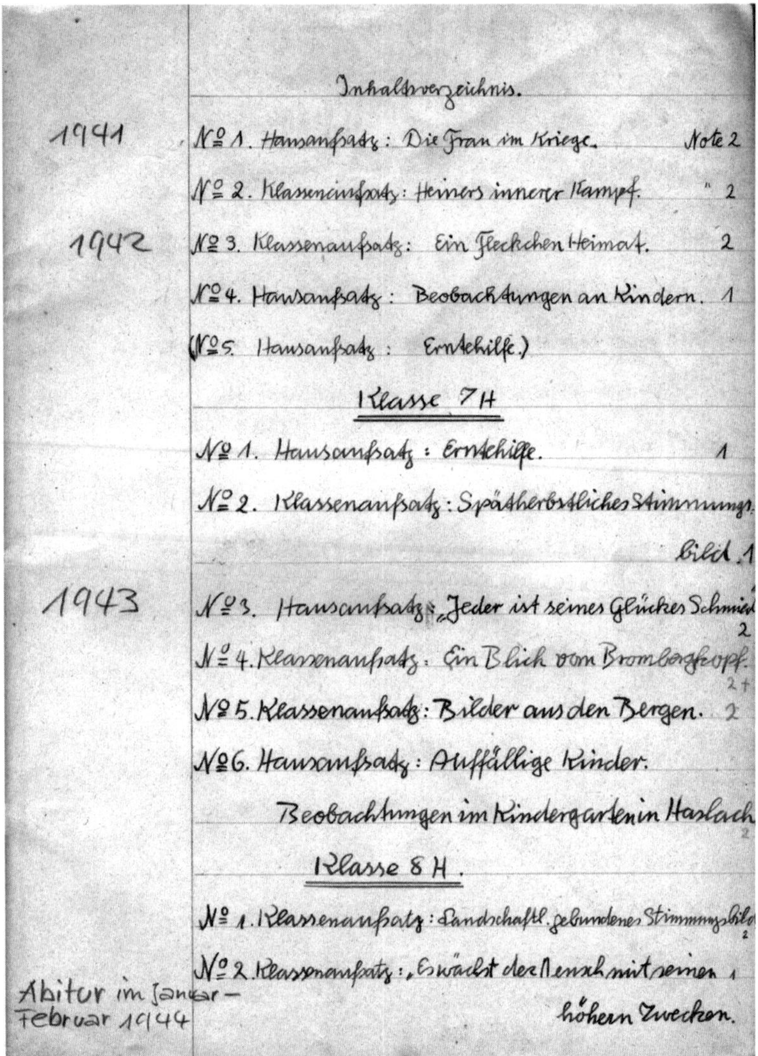

Inhaltsverzeichnis.

1941 Nº 1. Hausaufsatz: Die Frau im Kriege. Note 2

Nº 2. Klassenaufsatz: Heiners innerer Kampf. " 2

1942 Nº 3. Klassenaufsatz: Ein Fleckchen Heimat. 2

Nº 4. Hausaufsatz: Beobachtungen an Kindern. 1

(Nº 5. Hausaufsatz: Erntehilfe.)

Klasse 7 H

Nº 1. Hausaufsatz: Erntehilfe. 1

Nº 2. Klassenaufsatz: Spätherbstliches Stimmungsbild. 1

1943 Nº 3. Hausaufsatz: „Jeder ist seines Glückes Schmied" 2

Nº 4. Klassenaufsatz: Ein Blick vom Brombergkopf. 2+

Nº 5. Klassenaufsatz: Bilder aus den Bergen. 2

Nº 6. Hausaufsatz: Auffällige Kinder. Beobachtungen im Kindergarten in Haslach 2

Klasse 8 H.

Nº 1. Klassenaufsatz: Landschaftl. gebundenes Stimmungsbild 2

Nº 2. Klassenaufsatz: „Es wächst der Mensch mit seinen höhern Zwecken. 1

Abitur im Januar – Februar 1944

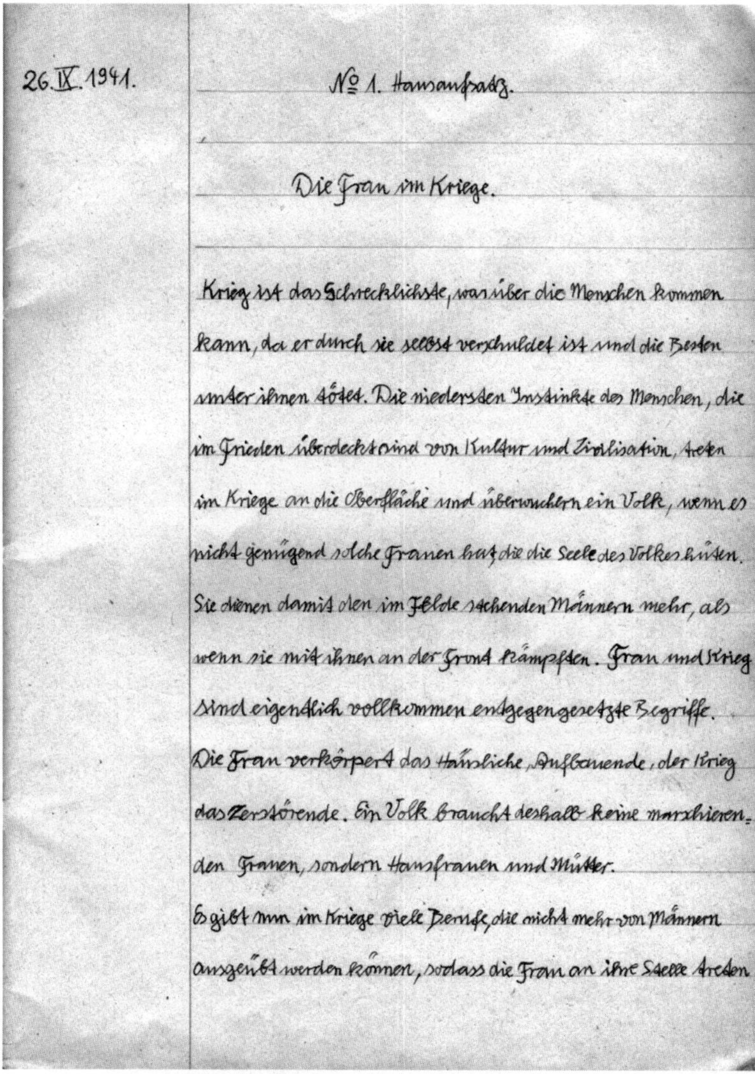

26. IX. 1941. № 1. Hausaufsatz.

Die Frau im Kriege.

Krieg ist das Schrecklichste, was über die Menschen kommen kann, da er durch sie selbst verschuldet ist und die Besten unter ihnen tötet. Die niedersten Instinkte des Menschen, die im Frieden überdeckt sind von Kultur und Zivilisation, treten im Kriege an die Oberfläche und überwuchern ein Volk, wenn es nicht genügend solche Frauen hat, die die Seele des Volkes hüten. Sie dienen damit den im Felde stehenden Männern mehr, als wenn sie mit ihnen an der Front kämpften. Frau und Krieg sind eigentlich vollkommen entgegengesetzte Begriffe. Die Frau verkörpert das Häusliche, Aufbauende, der Krieg das Zerstörende. Ein Volk braucht deshalb keine marschieren-den Frauen, sondern Hausfrauen und Mütter.

Es gibt nun im Kriege viele Berufe, die nicht mehr von Männern ausgeübt werden können, sodass die Frau an ihre Stelle treten

muss. Ich glaube aber, dass von diesen Frauen viele das Schönste — Z 1
was sie haben, nämlich die Seele, verlieren und zur Maschine
werden. Dass das nicht nur der Frau als einzelne schadet,
sondern sogar ein ganzes Volk zugrunde richten kann,
da einem solchen Volke die innere Widerstandskraft fehlt,
sehen wir zur Zeit an Russland. Wenn an Stelle der Seele
eines Volkes die Maschine tritt, verroht das Volk.
Es gibt aber im Krieg auch unzählige Berufe, in denen
die Frau auf ihrem Gebiet wirken kann. Denken wir
nur an den ältesten Kriegsberuf der Frau im Lazarett.
Dort werden wirklich Frauen mit Seele benötigt, um die
Verstümmelten nicht nur körperlich, sondern auch
seelisch wieder aufzurichten. Aber auch viele der anderen
Kriegsberufe, die wir heute kennen, sind ausgesprochene
Frauenberufe, wie die Verpflegung Obdachloser und
das Hüten von Kindern, deren Eltern in Kriegsberufen
tätig sind. [ Aber nicht nur die Frauen in einem besonderen
Kriegsberuf leisten im Krieg Grosses, sondern auch die

Hausfrau und Mutter. Sie hat es im Krieg besonders
2 Z schwer. Der Mann ist eingezogen und alle Arbeiten müssen
genau wie vorher verrichtet werden. Die Kinder haben
hungrige Mägen und fragen nicht nach den Marken
5 Z und auch nicht nach dem langen Warten im Geschäft —
das mit der Besorgung des Essens verbunden ist. Bei der Landfrau
kommt dann noch die ganze Feldarbeit dazu, die sie
nun an Stelle des eingezogenen Mannes neben der
Hausarbeit auch noch erledigen muss. Neben all der
vielen Arbeit muss die Hausfrau auch noch, was eigentlich
die Hauptsache sein soll, die Kinder erziehen. Das ist
die verantwortungsvollste und wichtigste Arbeit, die
besonders bei den grösseren Kindern den Frauen grosse
Sorgen bereitet. Die Hausfrau kann aber auch zu
4 Z jeder Zeit gezwungen sein ihr Heim und ihre Kinder
persönlich zu schützen, wenn feindliche Flieger ihre
Heimat bedrohen. Die Frauen sind deshalb neben ihrer
vielseitigen Arbeit auch im Luftschutz tätig, als

Laienhelferinnen oder als Hausfeuerwehrleute und
helfen so mit auch die Heimat ihren Männern zu Z 5
erhalten. [Die Arbeit der Frau steht also auch im Kriege
nicht hinter der des Mannes zurück. Ihre Arbeit verlangt
ebenso den ganzen Einsatz eines Menschen, der sein Bestes
für sein Volk zu geben gewillt ist. 2

Inhaltlich klar und recht durchdacht. 2. 10. 41

Kl

Verbesserung.

Z. 1. Ich glaube, dass von diesen Frauen viele das Schönste,
was sie haben, verlieren.

Z. 2. Der Mann ist eingezogen, und alle Arbeiten
müssen wie vorher verrichtet werden.

Z. 3. Die Kinder fragen nicht nach dem langen Warten
im Geschäft, das mit der Besorgung des Essens verbunden ist.

Z. 4. Die Hausfrau kann auch zu jeder Zeit gezwungen
sein, ihr Heim persönlich zu schützen.

G.B.
1942.
XII.
Detail
„Mutter und Kind"

«Das wird noch Mode sein, daß Wibervölcher im Wirtshaus sitzen.» So beschimpfen uns Bäuerinnen im Dorf, als wir am Feierabend Sprudel trinken im Gasthaus zum Mantel in Häusern. Es regnete, und wir hatten uns ins Trockene geflüchtet.

In der Schule sind nur noch alte Lehrer. Der letzte junge wird auch eingezogen und fällt. Aber beschäftigt sind wir trotzdem:
Donnerstag: Kräutersammeln.
Im Winter: Kohleferien;
Sockenstricken für Rußland.
Im Sommer: Kriegseinsatz.

Meine Klassenkameradinnen
gehen in die Tanzstunde.
Meine Kindheit ist nun
beendet.
Der Geschichtsprofessor
beschimpft mich als
Schandfleck der Schule. Ich
habe Nation so geschrieben:
Nazion!

MÄRZ 1943
G.B.

Ich schaue aus dem Fenster auf die Schweiz, in den unerreichbaren Frieden.
An alle Familienangehörigen wurden Adressen in der Schweiz verschickt: «Nach dem Krieg treffen wir uns um 12 Uhr.»

Den ganzen Tag Kartoffeln aufgelesen. Es ist der reinste deutsch-polnische Sprachunterricht. Sie sind alle nett. Ein polnischer Hilfsarbeiter ist aus Posen. Er will nach dem Krieg zu Fuß zurück. Die zwei Ukrainerinnen sind Cousinen, Mari und Olga. Sie ist 19 und hat kein Paar Schuhe, da muß sie barfuß aufs Feld. Gestern verband ich ihren Fuß auf dem Acker mit einem Schal. Es ist doch jetzt schon kalt.

Was ich auch tue — Kartoffeln auflesen. Heute morgen war es ganz schrecklich kalt dazu. Heute nachmittag, nach dem Vesper, mußten wir wieder Hanf aufstellen. Es war aller umgefallen von dem Sturm. Wir haben geschafft bis es dunkel war. Der Mond schien dazu. Es gab wieder sehr viel zu lachen. Es waren 6 Polen und wir zwei. Sie lehrten uns zählen. Es ist aber gar nicht so einfach. Die „Leute" heißen:

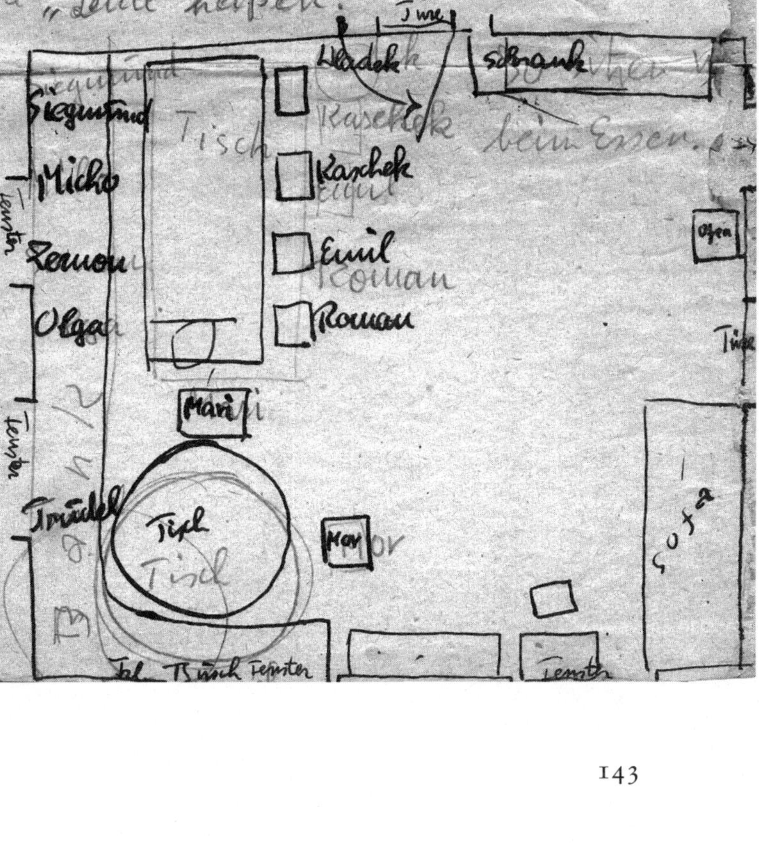

Kriegseinsatz, Erntehilfe.
August bis Oktober 1944:
«Sie haben sehr viele Hilfskräfte hier. Ein Radio haben sie nicht. Ich erfahre gar nichts mehr. Ich schlafe auf dem Bettrost, da sie keine Bettstelle mehr haben.»

Der Lohn reicht gerade für die Heimfahrt.

Auf Polnisch kann ich jetzt: viel essen, wenig schaffen, morgen ist Sonntag, die Welt geht unter, Flakartillerie schießt, morgen früh Kaffee trinken sowie ein paar wüste Flüche.

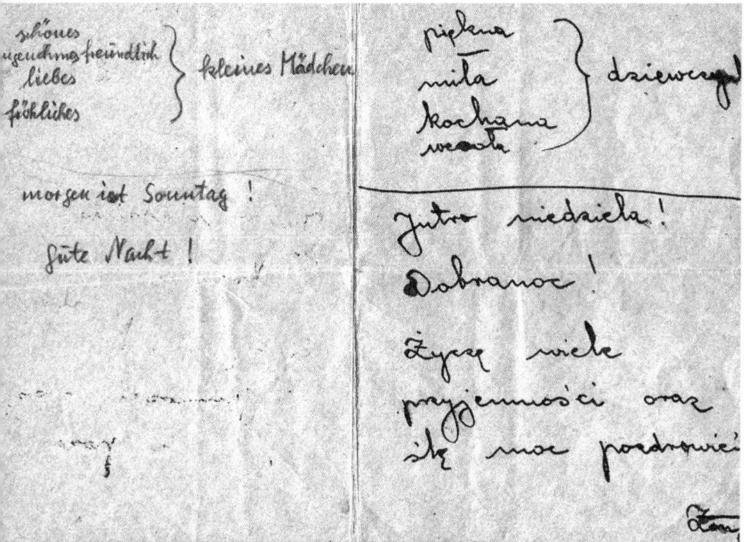

schönes
angenehmes freundlich
liebes
fröhliches
} kleines Mädchen

piękna
miła
kochana
wesoła
} dziewczy

morgen ist Sonntag!

Gute Nacht!

Jutro niedziela!

Dobranoc!

Życzę wiele przyjemności oraz ślę moc pozdrowie

1944

«Ich könnte auf der Sau fortgehen, wenn ich daran denke, was die nächste Zeit alles kommt, und ich sitze hier. Reden kann ich mit niemandem über das, was mich interessiert, mit der anderen Studentin am allerwenigsten. Wer weiß, wie lange man noch Briefe schicken kann!»

Sonntag

17

Montag

18

Hanf rupfen

Dienstag

19

Hanf rupfen

Mittwoch

20

Regen

Donnerstag
21

Hanf

Freitag
22

Hanf

Sonnabend
23
Herbstanfang

Hanf – konopje

Notizen

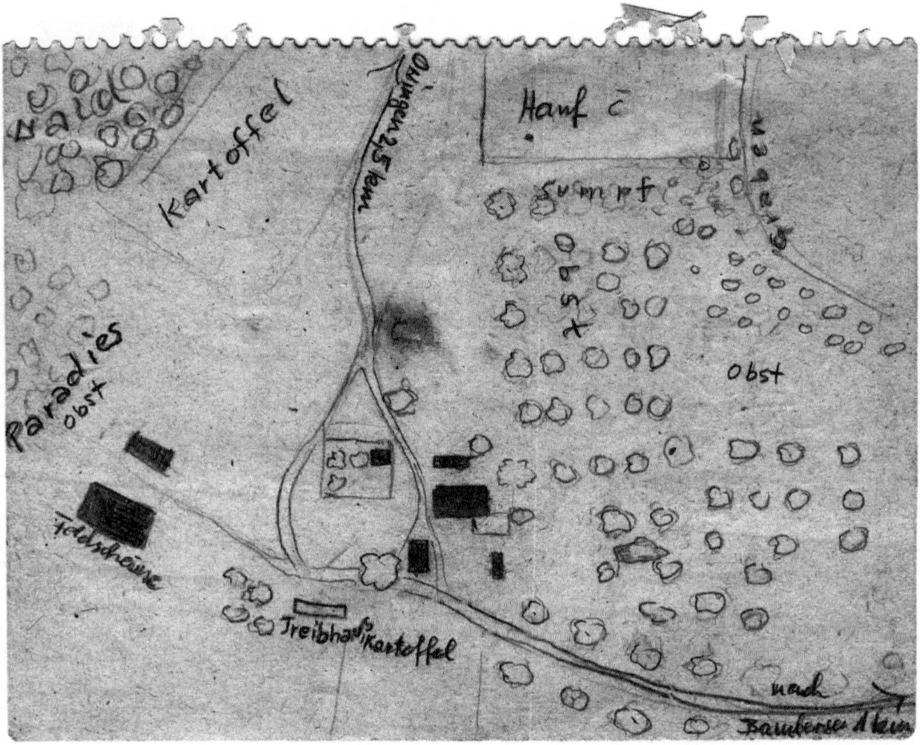


Beim Hanfrupfen kann man sich gut unterhalten. Die Leute singen russische Volkslieder, das paßt gut zum Hanf. Ich habe nur noch 2 Briefumschläge, dann ist Postsperre. Ich habe noch nie Hanf gesehen. Der Hanf ist bis drei Meter hoch. Man kommt sich vor wie im Urwald. Es ist sehr lustig mit allen zusammen. Wir sind elf, alle Polen, Russen und wir zwei. Die Polen rauchen vom Hanf und singen. Es sieht aus, wie wenn Neger auf einer Farm in einer Zuckerrohrplantage arbeiten.

Für die Heimfahrt am 10. Oktober brauche ich zwölf Stunden bei Nacht. Tagsüber fahren schon lange keine Züge mehr.

Heute Vormittag haben wir den schon gerupf-
ten Hanf gebunden und dann immer unge-
fähr 5 Bündel zusammen aufgestellt.

Wir haben jetzt
etwa $\frac{1}{3}$ des Feldes
gerupft.

Neben der Arbeit hat es schon
ziemlich geregnet, das war
nicht schön. Heute abends
kam der Kinobesitzer von Überlingen mit
dem Auto und nahm den Chef und seine Frau
mit ins Kino.

In Freiburg gehe ich zum Schanzen mit vielen tausend Freiburgern. Männer bis 65 und Buben mit 14 sind schon fort. Wir bauen Schützen- und Panzergräben.
Der Nachbar bringt mich beim Herderverlag unter, als Hilfsarbeiterin in der Druckerei. Es werden SS-Kalender für 1945 gedruckt. In der Kirche am Sonntag erhält man Generalabsolution. Man darf also sterben, ohne vorher zu beichten. Alles ist einem vergeben.

Kerf pfui – unser verschlüsselter Ausspruch: Kerf als Verkörperung der Nazimacht und des Krieges. Mein Bruder und ich setzten Kerf pfui unter jeden Brief.

Flucht aus der Zeit.

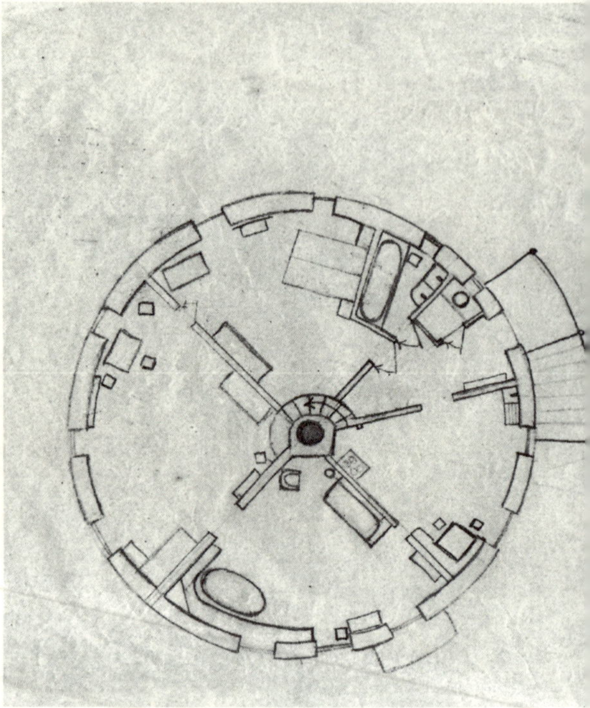

Der kleine Rundturm.

Nach dem Abitur entwerfe
ich meinen Rundturm – eine
Fluchtburg hinter Mauern.

«12.4.44

Meine Lieben, heute las ich in der Zeitung, daß sie am Sonntag viele Tiefangriffe machten in Baden und im Elsaß. Seid ja nicht leichtsinnig. Mutti, geh in den Keller und stehe nicht auf der Treppe zur Haustüre – bitte! Wenn ihr nach Faulenfürst geht, fahrt abends, wenn es dunkel wird. Vater soll beim Schanzen ja Deckung nehmen!»

Überschwengliche Lebensfreude ist nur auf dem Papier möglich.

Babel lag am Gebirge, aber es war gleichgültig, ob es hier lag oder dort, es war überall im Grunde. Also lag es am Gebirge nach Westen, und Friederike wohnte in Babel. Sie liebte die Stadt und das Gebirge und liebte die Pflanzen die auf den Feldern wuchsen, aß Pfirsiche und Trauber, und freute sich am Dufte der

Blumen genau so, wie am Geruche der Kartoffeln und der Suppen, der Mittags vor den Häusern stand. Sie dachte, es müsse alles gut sein, auch die Menschen. Alles war ganz gut gegangen, bis sie eines Tages ihren Vater eine Rede halten hörte, in welcher er genau das Gegenteil sagte von dem, was zu Hause gesprochen ward. Das konnte sie nicht verstehen, dafür gab es weder eine Erklärung noch ein Beispiel, und es war damit erwiesen, daß den Erwachsenen nicht zu trauen ist. Dann war Babel zerstört und lag traurig und öde am Fuße der Berge, so als könnte es sich nie mehr aufrichten. Aber die Toten wurden zu Erde, so daß der Geruch, der am Anfang über den Steinen war, aufhörte. Zwischen den Steinen wuchsen Gräser und kleine Bäume, auch nisteten Vögel dort, und es war eine große Stille. Aber etwas war geschehen mit den Menschen, die dort nun lebten. Nicht daß sie besser geworden wären oder stiller, es war gerade das Gegenteil geschehen, und sie wollten oder konnten sich nicht mehr verstehen.

Traum:. Ich bin in einem Keller in der Altstadt. Zwei Stockwerke tief geht es in einen gewölbten Keller, den ich nie gesehen habe. Ich weiß, hier müssen alle sterben. Bald darauf bin ich mit der Mutter in der Stadt. Beim Siegesdenkmal ist Alarm. Wir rennen im nächsten Haus in den Keller. Es ist der Keller aus meinem Traum. Ich will zurück, die Mutter drängt mich hinunter. Kurz darauf – Entwarnung. Nichts ist passiert. Nach dem Großangriff vom 27.11.1944, kurz darauf, sind in diesem Keller alle tot.

In Haslach fallen Bomben. In der Schule werden wir jetzt als Feuerwehr ausgebildet. Wir lernen, wie man mit einem Eimer Wasser und einem Lumpen am Schrubber spielend einen Brand löscht. Bei Alarm sitzen wir vor der Schule, während alle Klassen im Keller sind. Es gibt Neuerungen: Nachts dürfen immer zwei Mädchen der Oberklasse in der Schule schlafen, um im Ernstfall zu löschen. In einem kleinen Raum mit Luftschutz-betten hocken wir ganz allein in der leeren Schule. Wir stopfen dabei Strümpfe. Es hat in der Schule nie gebrannt.

Dann stirbt meine Stadt. In 20 Minuten ist sie tot. Am Mittag in meiner Pause in einem Keller im Stühlinger schreit der Hauswart die verängstigten Frauen an: «In Freiburg sind lauter Feiglinge. Im Rheinland hat jeder Hitlerjunge mehr Schneid!» Am gleichen Abend beim Großangriff müssen ihn die Frauen weinend aus dem brennenden Haus in Sicherheit schleppen.
Männer sind Helden.
In Panik flieht alles aus der toten Stadt.
Unsere dritte Flucht: zu Fuß mit dem Leiterwagen an den Schluchsee.

Nach der Ankunft im kleinen Dorf kommt gleich der Ratschreiber. Er muß alle Freiburger erfassen. Wir haben die Wahl zwischen Munitionsfabrik oder Flak. Meine Schwester zieht weiter ins Allgäu. Frauen mit Kind müssen nicht arbeiten, sie genießen den Schutz des Führers. Ich komme nach Seebrugg an die Staumauer als Waschfrau bei der Flak. Außerdem arbeite ich beim Schneeräumdienst.

Mein Vater war 61 und sollte von Freiburg aus noch zum Volkssturm in die Vogesen. Jetzt darf er in Dürrenbühl noch Lehrer sein. Hier oben gehen sie noch in die Schule, in Freiburg waren die Schulen schon seit Sommer geschlossen, wegen der Frontnähe.

Auf dem Schwarzwald gibt es wenigstens nicht so viele Tiefflieger. Wenn sie kommen, verstecke ich mich hinter einer Kuh im Stall. Die Jabos [Jagdbomber] schießen die Hühner vom Mist.
Endlich wirft man die Flak-Kanonen über die Staumauer in den See! «Die schönen, teuren Kanonen», jammert der Wirt.
Täglich ziehen die Bomberverbände über uns – Tausende, begleitet von den Jägern. Die Wälder flimmern von Lametta, das sie in Massen abwerfen – Weihnachtsstimmung! Sie markieren die Grenze zur Schweiz, zum Frieden. Wenn Klaus, der Sohn der Freiburger Nachbarin, am Sonntag Urlaub hat, spielen wir mit selbstgebastelten Figuren im «Rössle» Kasperletheater. Die Kinder im Dorf hatten noch nie Kasperle gesehen.
«Hoffentlich passiert dem Führer nichts», sagen die Bauersfrauen.
Wer einen Polen liebt, wird aufgehängt, steht in der Zeitung.
«Wenn das der Führer wüßte», jammern die frommen Frauen.
Ich mag den Roman, kein Mensch darf es wissen.

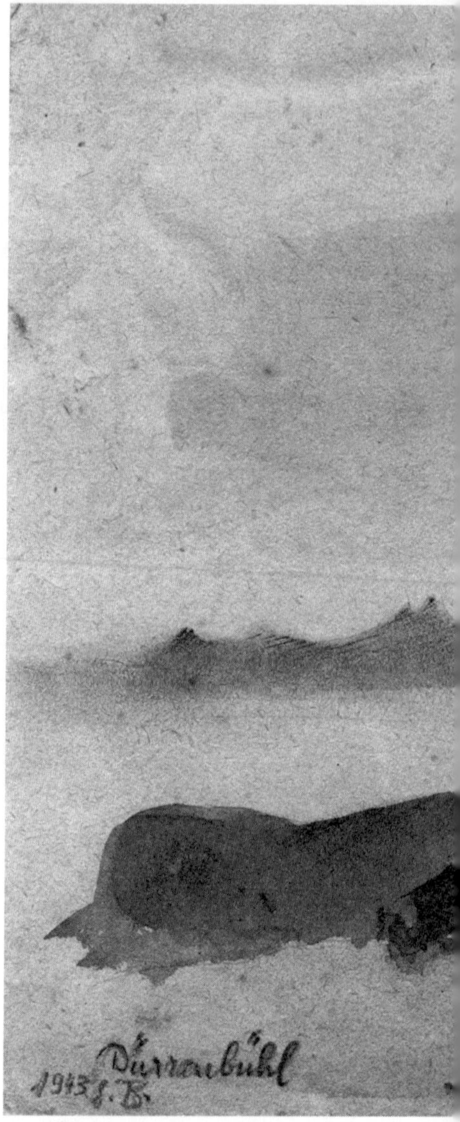

S. B. 1945.
die 1. Nacht nach dem Großangriff (28. 11. 44)
auf der Holzschlägermatte

Flucht
auf der Holzschlägermatte
28. 11. 44
S. B.

In Scharen fliehen die Freiburger über Günterstal auf den Schauinsland. Auf der Strecke zur Talstation höre ich zum ersten Mal laut über Hitler schimpfen.

Im Frühjahr tanzen wir in der Wirtsstube russisch. Ich übe mit Stiefeln und einem kurzen karierten Rock. Meine Schwägerin behauptet, ich benähme mich wie eine Hure.

Am letzten Sonntag vor der Besetzung gibt es im Rathaus Schluchsee eine Sonderzuteilung. Jeder Erwachsene über 15 erhält eine Flasche Schnaps. Die meisten Kirchgänger kommen volltrunken ins Dorf zurück. Ein Skandal für die Bauersfrau.
Noch einmal erlebe ich Männer als Helden beim letzten Jabo-Angriff auf das Dorf. «Das Dorf wird bis zum letzten verteidigt», verkündet der Offizier. Als ich einwende, der Krieg sei doch zu Ende, droht er mit Standrecht. Dann verschwindet er im Wirtshaus. Als er wieder herauskommt, trägt er Zivil und verkündet seiner Truppe, er sei Kartoffelhändler, sie sollen verschwinden. Mit Roß und Wagen fährt er davon. Mein Vater entläßt das Heer in der Gaststube und verpaßt allen einen Stempel ins Soldbuch. Die Soldaten, Österreicher, können zu Fuß nach Wien gehen.

«Jedes Haus wird verteidigt», schreit Göbbels im Radio. Der Nachbar will mit seiner Frau auf Panzer schießen. Am Weiher vor unserem Hof wird er gefangen.
Am Wegrand zum Schluchsee sitzt eine Gruppe von Volkssturmbuben. Weinend fragen sie, wo der Feind steht. Seit drei Tagen haben sie nichts mehr gegessen. Sie wollen dem Feind bis Titisee entgegengehen. Männer werden erst Menschen, wenn sie weinend an der Straße sitzen und alles Heldenhafte abfällt.
Die Amis kommen, hieß es. Nun sind die Franzosen da – Marokkaner, Senegalneger, Spanier, Rif-Kabylen, alles Franzosen.
In jedem der 12 Höfe sind 25 Mann einquartiert. Ein Kabyle bietet ein Abendkleid für einen Kuß. Hühner werden mit Maschinenpistolen vom Mist geschossen.

Radioapparate werden eingezogen, zum Teil auf den Mist geworfen. Weil wir aus Freiburg sind, dürfen wir unseren behalten. Die Franzosen haben die Ruinenstadt gesehen und Mitleid mit uns. Sogar unsere drei Hühner entkommen dem Gemetzel. Immer wenn Hühner vom Mist geschossen werden, schreit die Bäuerin: «Halt, des Friburg.»
Nur unser Hahn fällt noch als Held. Er verfolgt einen Marokkaner mit lebenden Hühnern an der Schnur, die jämmerlich schreien. Ein Griff und der Hahn ist tot.

Monatelang gibt es keine Feindsender zu hören, keine Zeitungen und keine Post.
Wir fallen aus der Zeit.

Auf dem Heimweg schenkt mir Roman, der Pole, das erste Stück Schokolade seit Jahren, und es schmeckt nach Frieden.

Mai 1945
Soldaten beim Hühnerrupfen
Einquartierung. - Besatzung

J.B. Einquartierung
Mai 1945

Eines Morgens springen 25 Mann in der Stube herum: «Hitler verreckt, Hitler kaputt, la guerre est finie – jetzt heim zu Mama.» Sie werfen ihre Uniformjacken weg und tanzen mit uns durch die Stube. Kriegsende. Wir feiern das Ende all der Schrecken. Hätten doch die Soldaten schon 1939 gefeiert.

Jeden Morgen begrüßt uns in der Küche der Spanier mit Küssen auf den Mund. Die Bäuerin und wir vier Mädchen stehen dann Schlange am Brunnen und waschen die Münder ab. Das reizt den Spanier zu Lachkrämpfen. Gegen den Offizier verteidigt er uns mit der Maschinenpistole.

Mit ein paar Wörtern hält er alle in Schach: «Spanisch temperamento Amen!»

Dann kommen die Rif-Kabylen, wilde Gesellen aus dem Atlas-Gebirge. Sie bringen die vielen Maulesel mit, die die Felder kahlfressen. Wenn die Kabylen in ihren Kapuzenmänteln kommen, um Milch zu erbetteln, sperrt uns die Bäuerin in die hintere Kammer ein.

Männer gibt es nun wieder genug – Besatzer kommen und gehen. Männer, seit über sechs Jahren Mangelware. Man kannte sie nur in Uniform, als Kurzurlauber, als Gefangene, mit denen man nur arbeiten, aber nicht reden durfte. Die Landarbeiter in den Dörfern waren Russen, Polen, Franzosen, aber keine Menschen. Frauen lebten im Zölibat.
Jetzt werden die Besatzer Männer.
Deutsche Heimkehrer kommen spärlich, manche erst nach Jahren, sie sind zerschlissen und krank.
Im Dorf gelten noch die alten Gesetze.

Das Bäsle wird exkommuniziert, weil es jahrelang mit dem Knecht in Liebe und Freundschaft zusammengelebt hat.

GOUVERNEMENT MILITAIRE
EN ALLEMAGNE
DELEGATION DE FRIBOURG Nº 4083

Laissez-Passer de nuit

Mr.

demeurant Freiburg i. B.

arrivé en gare de à heures est autorisé à rejoindre son domicile.

Fribourg, le 1946

Le Délégué du Gouvernement Militaire
P. O. le Commissaire Militaire de gare:

Imprimerie Nationale (A.H.) Fribourg. 791

Von den Franzosen gibt es Laissez-passers für einen Tag. Mit Rädern fahren wir nach Freiburg. Flüchtlinge am Weg warnen uns. Wir fahren trotzdem weiter. In Freiburg erregen wir Aufsehen, weil wir Rad fahren. Die Franzosen beschlagnahmen alle Räder. Wir verstecken sie im Speicher. Nachdem wir sehen, daß unser Haus noch steht, kehren wir ins Dorf zurück.

Am 15. Mai transportieren die Franzosen alle Flüchtlinge auf Lastwagen aus dem Dorf nach Freiburg zurück. Auch Roman muß im Herbst zurück nach Polen. Wir haben einen Stern, der uns für immer leuchten soll.

Aus den Dörfern vom Schwarzwald besuchen viele Mädchen im Sommer 1945 die Hexe in Freiburg. Sie wohnt bei der Ochsenbrücke und gibt Auskunft über Vermißte und Gefallene. Sie pendelt über Briefen und erhält reiche Gaben, nämlich Hühner und Schweine.

Wir sitzen am Ofen, baumeln mit den Beinen. Bei einer von uns sieht man die Knie. Die Frauen in der Stube tuscheln: «Seht ihr, wie das Mensch die Knie zeigt.» Noch immer komme ich nicht hinter das Geheimnis des sündigen Knies.

Wenn ich Schilderungen über schreckliche Ereignisse in Freiburg höre, befallen mich Leere und Gleichgültigkeit. – Ich denke nur noch an meine Selbsterhaltung.

Am Wiehrebahnhof gibt es die Schweizerspende. Es wird täglich ein Teller Suppe für die Kinder ausgeteilt. Dorthin gehen sie, statt in die Schule. Mein Vater sammelt mit den Schülern Kartoffelkäfer.

«Nie wieder!» sagen die zerlumpten Heimkehrer. Niemand singt mehr von der Fahne. Wir zerschneiden sie und nähen uns rote Blusen.

Die Mütter weinen in den Geschäften. Es gibt nichts mehr zum Essen.
«Haben wir das verdient», fragen die Leute.
Wer sich etwas zu essen organisieren kann, wird gehaßt.

G.B.
1945
Hamsterer

Zu den ersten einquartierten Franzosen in Freiburg gehört die Familie mit dem kleinen Manuel. Die Mutter war im Sommer '44 von den Deutschen zur Zwangsarbeit in der Ramy-Fabrik bei Emmendingen verurteilt worden. Sie wollte ihren Mann nicht verraten, der bei der Résistance war. Weihnachten 1944 kam Manuel auf die Welt, auf dem Strohsack im Massenlager. Sie erzählt uns, wenn es nicht auch gute Deutsche gegeben hätte, wäre Manuel nicht am Leben. Von deutschen Frauen bekam sie Windeln und Jäckchen. Beim Einmarsch der Franzosen fand sie ein Soldat im Keller. Er wunderte sich, daß sie Französisch sprach, fragte, woher sie sei und erzählte davon am Mittag im Casino. Im selben Raum saß der Vater von Manuel. Er fand Frau und Kind und durfte als erster Soldat mit ihnen Quartier beziehen – bei uns. Auf dem Gras hinter dem Haus strampelte Manuel im Juni 1945. Von seinem Vater erhalte ich das erste Stück Seife nach vielen Jahren. Es riecht nach Frieden!

Täglich wandern mein Vater und ich durch die Küche, öffnen alle Türen und Schubladen auf der Suche nach Eßbarem. Alles ist leer. Die Madame kocht auf demselben Herd Fleisch, auf dem wir unseren Rübentopf stehen haben. Die ganze Küche duftet nach dem Fleisch der Madame. Wenn sie gut gelaunt ist, meint sie, «oh, nix gut!» und schöpft ein paar Fettaugen in unsere Wasserbrühe. Drei Jahre essen wir Viehrüben – in Wasser gekocht, ohne Fett, ohne Salz. Kannibalische Gelüste befallen mich in der Stadt. Beim Anblick der dicken Besatzerbäuche denke ich an Fett und an ein Messer.

In der Zeitung ist zu lesen, man solle viel schlafen. Aber im Traum sitze ich dann an einem gedeckten Tisch und erwache, wenn ich die Gabel an den Mund führe.

Vom Bruder aus Frankfurt: «Man ist ohnehin kein Mensch mehr. Zum Lesen oder gar zum Klavier komme ich natürlich nicht. Manchmal, in abwegigen Minuten, denkt man, daß es auch andere Dinge gibt als Krieg, aber das ist ein schwaches Erinnern an endgültig Vergangenes. Wann ich wieder einmal ein Buch in die Hand nehmen kann, um zu lesen? Das wird es kaum mehr geben.
Neulich habe ich vom neuen Europa geträumt.
Hoffentlich kommt es nicht so weit, daß es überall nur noch

Kerfen gibt.
Kerf pfui
Rudolf»

Noch ein Brief aus Frankfurt:
«Freu Dich am Sommer, solang er noch dauert, an jedem Baum und am Gras, – am Himmel, wenn er gerade ohne Flieger ist. Hab kein Heimweh nach dem Vetterli*, es geht au ohni!
Kerf pfui!»

*meint Auslandssender

Schwarzer
im Schlüchtl
S.B. 1945

Mohammed, der schwarze Diener unseres Offiziers, läßt täglich seinen Turban von mir bügeln. Er hat einen weißen, einen braunen und einen schwarzen, zum Teil aus Seide. Ach wie gern würde ich einen Meter von dem langen Stück abschneiden für eine Bluse!

In der Schule in unserer Straße sind 800 Marokkaner untergebracht. Zum Ramadan 1945 bauen sie mitten auf der Straße drei Öfen auf den Tramschienen, um Hammel zu backen. Die ganze Straße duftet danach. Unser Mohammed bringt meinem Vater eine Gabe zum Fest: Ein Stück Hammel, ein Stück Brot und in einem Taschentuch Kaffeebohnen.

Viele aus der Gefangenschaft entlassene Deutsche sind jetzt da. Sie tun so, als ob sie an jedem Finger zehn Frauen haben könnten. Es gibt ja jetzt Frauen im Überschuß. Im Alten Testament lese ich nach, daß sich in jenen Zeiten drei Frauen einen Mann teilten. Die Kirche hat sich in diesem Fall nicht an die Bibel gehalten! Die Soldaten in Zivil erzählen begeistert, wie toll die Frauen in Norwegen, Polen, Holland und Frankreich sind. Auch die Tirolerinnen sollen nicht zu verachten gewesen sein!
Ich denke an die Predigt des Erzbischofs zu Kriegsbeginn: Sich würdig zu erweisen für die Soldaten und sich rein zu halten ...– falls sie überhaupt noch leben würden.

Nachgeholte Tanzstunde 1946. Zum Schlußfest schneidere ich mir ein Kleid aus dem Lumpensack. Es ist immer noch Sperrstunde abends – strenges Ausgehverbot. Nur mit dem Passierschein kommt man sicher heim, ohne von den Franzosen in Haft genommen zu werden.

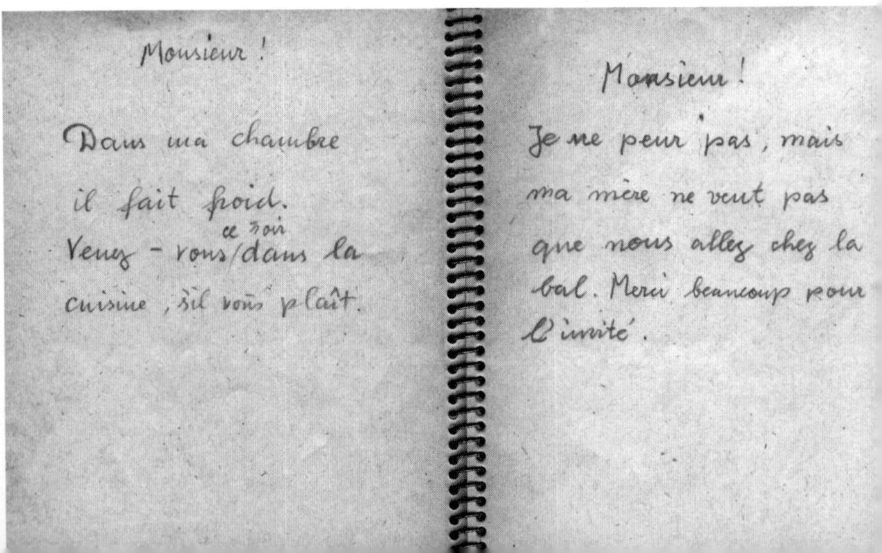

G. B.
1945 Juni

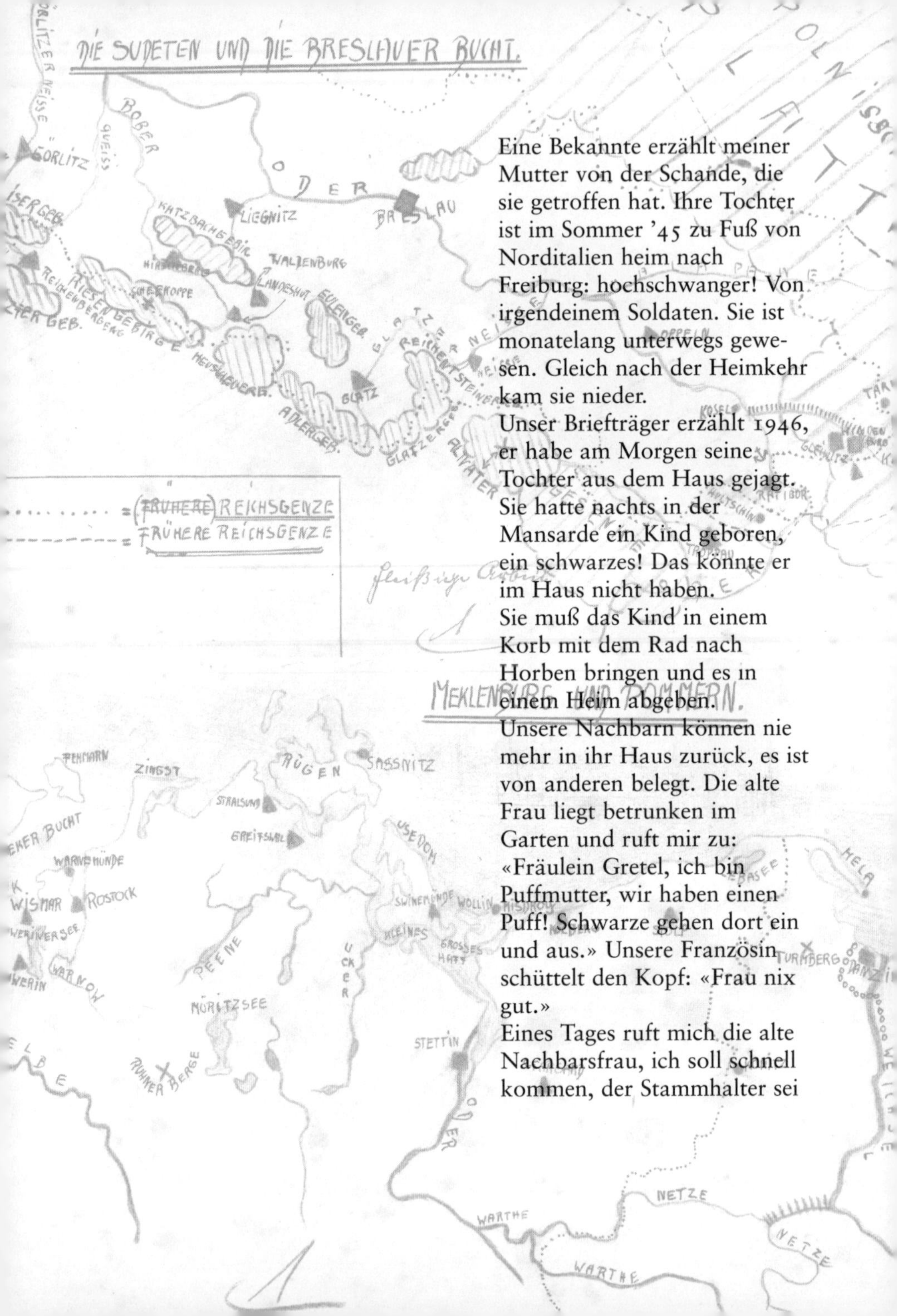


Eine Bekannte erzählt meiner Mutter von der Schande, die sie getroffen hat. Ihre Tochter ist im Sommer '45 zu Fuß von Norditalien heim nach Freiburg: hochschwanger! Von irgendeinem Soldaten. Sie ist monatelang unterwegs gewesen. Gleich nach der Heimkehr kam sie nieder.

Unser Briefträger erzählt 1946, er habe am Morgen seine Tochter aus dem Haus gejagt. Sie hatte nachts in der Mansarde ein Kind geboren, ein schwarzes! Das könnte er im Haus nicht haben.

Sie muß das Kind in einem Korb mit dem Rad nach Horben bringen und es in einem Heim abgeben.

Unsere Nachbarn können nie mehr in ihr Haus zurück, es ist von anderen belegt. Die alte Frau liegt betrunken im Garten und ruft mir zu: «Fräulein Gretel, ich bin Puffmutter, wir haben einen Puff! Schwarze gehen dort ein und aus.» Unsere Französin schüttelt den Kopf: «Frau nix gut.»

Eines Tages ruft mich die alte Nachbarsfrau, ich soll schnell kommen, der Stammhalter sei

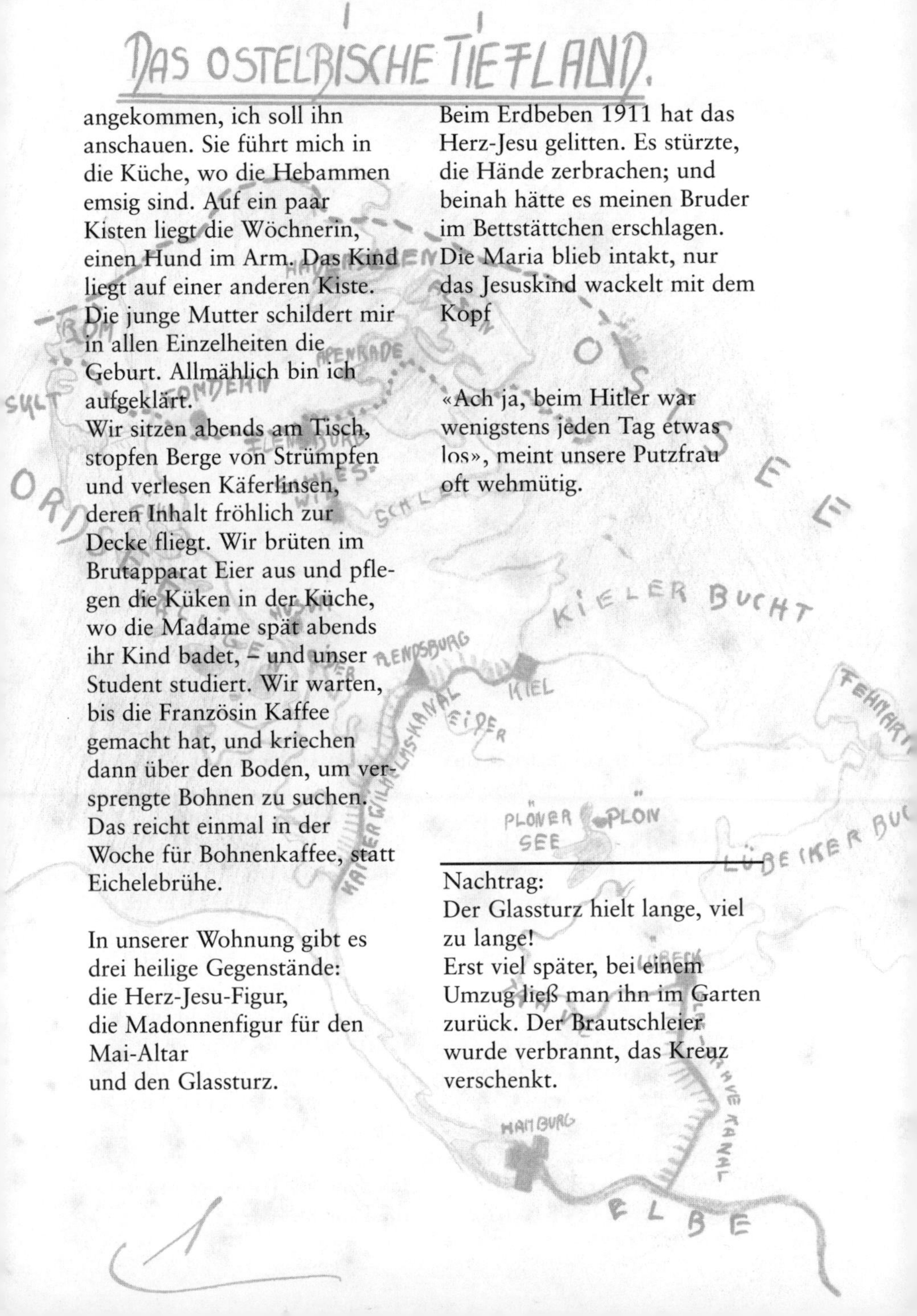


angekommen, ich soll ihn anschauen. Sie führt mich in die Küche, wo die Hebammen emsig sind. Auf ein paar Kisten liegt die Wöchnerin, einen Hund im Arm. Das Kind liegt auf einer anderen Kiste. Die junge Mutter schildert mir in allen Einzelheiten die Geburt. Allmählich bin ich aufgeklärt.
Wir sitzen abends am Tisch, stopfen Berge von Strümpfen und verlesen Käferlinsen, deren Inhalt fröhlich zur Decke fliegt. Wir brüten im Brutapparat Eier aus und pflegen die Küken in der Küche, wo die Madame spät abends ihr Kind badet, – und unser Student studiert. Wir warten, bis die Französin Kaffee gemacht hat, und kriechen dann über den Boden, um versprengte Bohnen zu suchen. Das reicht einmal in der Woche für Bohnenkaffee, statt Eichelebrühe.

In unserer Wohnung gibt es drei heilige Gegenstände:
die Herz-Jesu-Figur,
die Madonnenfigur für den Mai-Altar
und den Glassturz.

Beim Erdbeben 1911 hat das Herz-Jesu gelitten. Es stürzte, die Hände zerbrachen; und beinah hätte es meinen Bruder im Bettstättchen erschlagen. Die Maria blieb intakt, nur das Jesuskind wackelt mit dem Kopf

«Ach ja, beim Hitler war wenigstens jeden Tag etwas los», meint unsere Putzfrau oft wehmütig.

---

Nachtrag:
Der Glassturz hielt lange, viel zu lange!
Erst viel später, bei einem Umzug ließ man ihn im Garten zurück. Der Brautschleier wurde verbrannt, das Kreuz verschenkt.

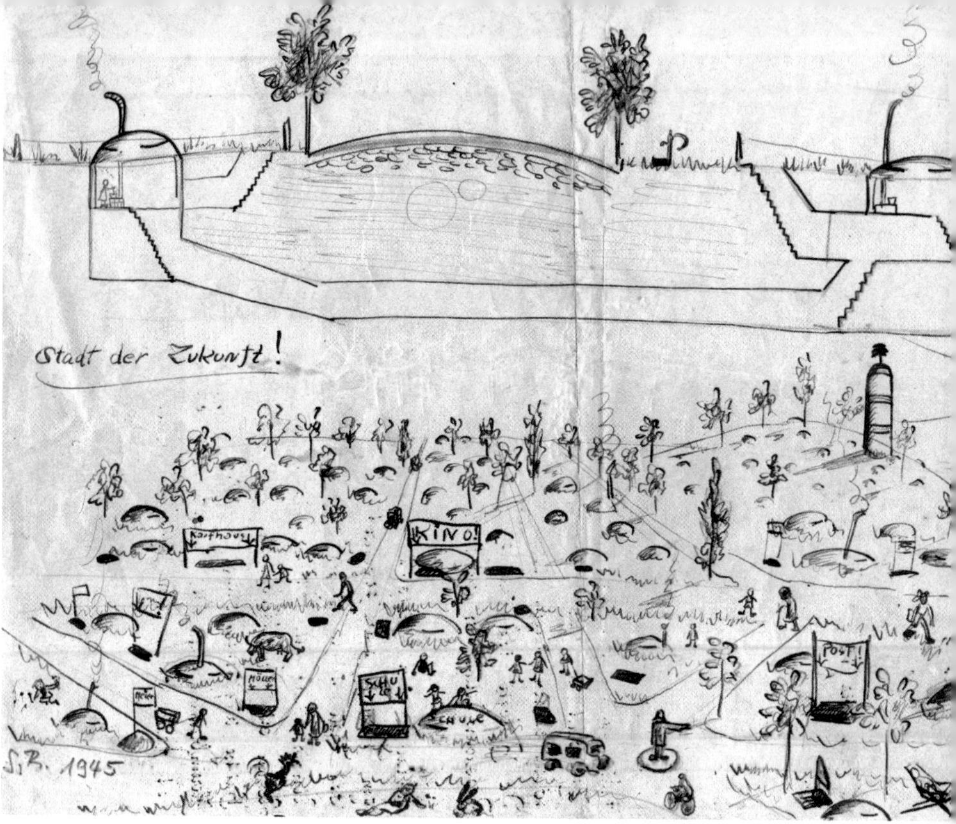


Unser Haus ist vollgestopft mit Franzosenfamilien, Studenten und uns. Das Wohnungsamt mißt immer wieder ab, ob wir einen Quadratmeter zuviel haben. Auch meine Schwester wohnt jetzt noch im Haus mit ihrem heimgekehrten Mann, frisch verheiratet, 1947.
Mein Vater und ich schmieden Baupläne. Man könnte in einen abgestellten Eisenbahnwagen ziehen oder im Obstgarten mit Trümmersteinen ein Haus bauen. Die Mutter hat starke Bedenken dagegen, wegen des Klaviers. Statt dessen beginnen wir, die Möbel zu zersägen, die alten Gesichter der Uhren mit Sperrholz zu verschönern. Alles soll anders werden. «Das erleben wir alle nie mehr, daß die Stadt wieder ganz wird», sagt mein Vater. Eine wilde Aufbaustimmung befällt uns. Bufett und Küchenschränke fallen ihr zum Opfer.
Ich entwerfe eine ganz neue Stadt, unterirdisch und bombensicher.

Ich gehe als Trümmerfrau in die Ruinen.

1948 wird die Reichsmark abgeschafft. Es gibt ohnehin nichts zu kaufen für die alten Scheine. Für wenige Tage hat jeder in Deutschland gleich viel Geld, 40,– DM. Aber niemand weiß, wie lange es reichen soll.
Im Laden erzählt man von einem alten Haslacher, der für das gesamte Kopfgeld Hipps Kindermehl aufgekauft hat, aus Angst, der süße Brei könne wieder rar werden. Alle Welt ißt jetzt süßen Brei.
Die Kinder auf der Straße drücken ganze UHU-Tuben in den Mund, die erste Süßigkeit, die es beim Papierhändler Braun gibt.
Die Kinder sollen es besser haben, und die Großmütter kaufen pfundweise Süßes für ihre Enkel.

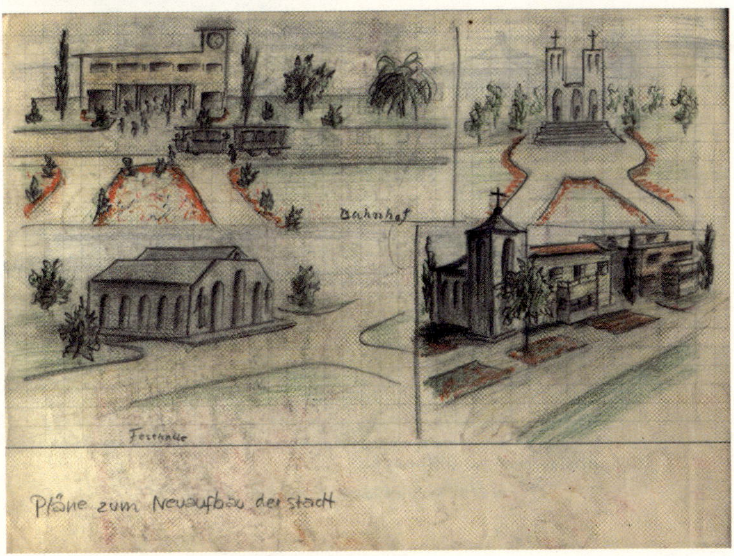

Marliesle -
Das Besatzungskind.

Ich bin volljährig.

«Hättest du wenigstens einmal ein Lediges gekriegt», sagt mein Vater. Fünf Kinder, aber keine Enkel.

Falkensteinstraße 6, D-79102 Freiburg i.Br.
(+49) 761/7909591-0 (Tel.) · 7909591-4 (Fax)
Umschlaggestaltung: Michael Wiesinger
Bilder: Gretel Bechtold
Lektorat: Annette Blum, Nicolas Weiß
Satz: Nicolas Weiß
Druck: Druckhaus Beltz, Hemsbach
Printed in Germany

Die Deutsche Bibliothek – CIP-Einheitsaufnahme

**Bechtold, Gretel:**
Ein deutsches Kindertagebuch in Bildern : 1933 – 1945 /
Gretel Bechtold – Freiburg i. Br. : Kore Edition, 1998
ISBN 3-933056-63-2

ISBN 3-933056-63-2